MÉMOIRES
D'UN MÉDECIN.

Corbeil, imp. de Crété.

MÉMOIRES
D'UN MÉDECIN

PAR ALEXANDRE DUMAS.

Première Partie.

JOSEPH BALSAMO.

3

PARIS,
FELLENS ET DUFOUR, ÉDITEURS,
30, rue St.-Thomas du Louvre,
Au Bureau de l'ÉCHO DES FEUILLETONS.

1846

I

Le baron de Taverney croit enfin entrevoir un petit coin de l'avenir.

Le premier qui s'aperçut de l'évanouissement de madame la Dauphine fut, comme nous l'avons dit, le baron de Taverney; il se tenait à l'affût, plus inquiet que personne de ce qui allait se passer entre elle et le sorcier. Il avait entendu le cri que Son

Altesse Royale avait poussé, il avait vu Balsamo s'élancer hors du massif, il était accouru.

Le premier mot de la Dauphine avait été pour qu'on lui montrât la carafe, le second pour qu'on ne fît aucun mal au sorcier. Il était temps que cette recommandation fût faite : Philippe de Taverney bondissait déjà sur sa trace comme un lion irrité, quand la voix de la Dauphine l'arrêta.

Alors sa dame d'honneur s'approcha d'elle à son tour, et l'interrogea en allemand ; cependant à toutes ses questions, elle ne répondit rien, sinon que Balsamo ne lui avait aucunement manqué de respect; mais que, fatiguée probablement par la longueur de la route et l'orage de la veille, elle avait été surprise par un accès de fièvre nerveuse.

Ces réponses furent traduites à M. de Rohan, qui attendait des explications, mais sans oser en demander.

A la cour on se contente d'une demi-réponse; celle de la Dauphine ne satisfit point, mais parut satisfaire tout le monde. En conséquence Philippe s'approcha d'elle.

— Madame, dit-il, c'est pour obéir aux ordres de Son Altesse Royale, que je viens, à mon grand regret, lui rappeler que la demi-heure pendant laquelle elle comptait s'arrêter ici est écoulée, et que les chevaux sont prêts.

— Bien, monsieur, dit-elle avec un geste charmant de nonchalance maladive, mais je reviens sur mon intention première. Je suis incapable de partir en ce moment... Si je dormais quelques heures, il me semble que ces quelques heures de repos me remettraient.

Le baron pâlit. Andrée regarda son père avec inquiétude.

— Votre Altesse sait combien le gîte est indigne d'elle, balbutia le baron de Taverney.

— Oh! je vous en prie, monsieur, répondit la Dauphine du ton d'une femme qui va défaillir, tout sera bien pourvu que je me repose.

Andrée disparut aussitôt pour faire préparer sa chambre. Ce n'était pas la plus grande, ce n'était même pas la plus ornée, peut-être, mais il y a toujours dans la chambre d'une jeune fille aristocratique comme l'était Andrée, fût-elle pauvre comme Andrée l'était, quelque chose de coquet qui réjouit la vue d'une autre femme.

Chacun voulut alors s'empresser près de la Dauphine, mais, avec un mélancolique sourire, elle fit signe de la main, comme si elle n'avait plus la force de parler, qu'elle désirait être seule.

Alors chacun s'éloigna pour la seconde fois. Marie-Antoinette suivit tout le monde des yeux jusqu'à ce que le dernier pan d'habit et la dernière queue de robe eussent disparu ; puis, rêveuse, elle laissa tomber sa tête pâlie sur sa belle main.

N'étaient-ce pas, en effet, d'horribles présages que ceux qui l'accompagnaient en France. Cette chambre où elle s'était arrêtée à Strasbourg, la première où elle eût mis le pied sur ce sol où elle devait être reine, et dont la tenture était faite d'une tapisserie représentant le massacre des Innocents; cet orage qui la veille avait brisé un arbre près de sa voiture, et enfin ces prédictions faites par un homme si extraordinaire, prédictions suivies de la mystérieuse apparition dont la Dauphine paraissait décidée à ne révéler le secret à personne !

Au bout de dix minutes à peu près, Andrée revint. Son retour avait pour but d'annoncer que la chambre était prête. On ne jugea point que la défense de la Dauphine fût pour elle, et Andrée put pénétrer sous le berceau.

Elle demeura pendant quelques instants debout devant la princesse, n'osant parler, tant Son Altesse Royale paraissait plongée dans une profonde rêverie.

Enfin Marie-Antoinette leva la tête et fit en souriant à Andrée un signe de la main.

— La chambre de Son Altesse est prête, dit celle-ci ; nous la supplions seulement...

La Dauphine ne laissa point la jeune fille achever.

— Grand merci, mademoiselle, dit-elle. Appelez, je vous prie, la comtesse de Langershausen, et nous servez de guide.

Andrée obéit ; la vieille dame d'honneur s'avança empressée.

— Donnez-moi le bras, ma bonne Brigitte, dit la Dauphine en allemand, car en vérité je ne me sens pas la force de marcher seule.

La comtesse obéit. Andrée fit un mouvement pour la seconder.

— Entendez-vous donc l'allemand, mademoiselle? demanda Marie-Antoinette.

— Oui, madame, répondit en allemand Andrée, et même je le parle un peu.

— Admirablement! s'écria la Dauphine avec joie. Oh! cela s'accorde bien avec mes projets.

Andrée n'osa demander à son auguste

hôtesse quels étaient ces projets, malgré le désir qu'elle eût eu de les connaître.

La Dauphine s'appuya sur le bras de madame de Langershausen et s'avança à petits pas. Ses genoux semblaient se dérober sous elle.

Comme elle sortait du massif, elle entendit la voix de M. de Rohan qui disait :

— Comment, monsieur de Stainville, vous prétendez parler à Son Altesse Royale, malgré la consigne ?

— Il le faut, répondit d'une voix ferme le gouverneur, et elle me pardonnera, j'en suis bien certain.

— En vérité, monsieur, je ne sais si je dois...

— Laissez avancer notre gouverneur, monsieur de Rohan, dit la Dauphine en apparaissant au milieu de l'ouverture du massif, comme sous un arc de verdure ; venez, monsieur de Stainville.

Chacun s'inclina devant le commandement de Marie-Antoinette, et l'on s'écarta pour laisser passer le beau-frère du ministre tout-puissant qui gouvernait alors la France.

M. de Stainville regarda autour de lui comme pour réclamer le secret.

Marie-Antoinette comprit que le gouverneur avait quelque chose à lui dire en particulier; mais avant qu'elle n'eût même témoigné le désir d'être seule, chacun s'était éloigné.

— Dépêche de Versailles, madame, dit à demi-voix M. de Stainville en présentant à la Dauphine une lettre qu'il avait tenue cachée jusque-là sous son chapeau brodé.

La Dauphine la prit et lut sur l'enveloppe :

« A monsieur le baron de Stainville,
« gouverneur de Strasbourg. »

— La lettre n'est point pour moi, mais pour vous, monsieur, dit-elle ; décachetez-la et lisez-la-moi, si toutefois elle contient quelque chose qui m'intéresse.

— La lettre est à mon adresse en effet, madame ; mais dans ce coin, voyez, est le signe convenu avec mon frère M. de Choiseul, indiquant que la lettre est pour Votre Altesse seule.

— Ah ! c'est vrai, une croix, je ne l'avais pas vue ; donnez.

La princesse ouvrit la lettre et lut les lignes suivantes :

« La présentation de madame Dubarry

« est décidée, si elle trouve une marraine.
« Nous espérons encore qu'elle n'en trou-
« vera point. Mais le moyen le plus sûr de
« couper court à cette présentation serait
« que S. A. R. madame la Dauphine se
« hâtât. Une fois S. A. R. madame la Dau-
« phine à Versailles, personne n'osera plus
« proposer une pareille énormité. »

— Fort bien ! dit la Dauphine, non-seulement sans laisser paraître la moindre émotion, mais encore sans que cette lecture eût paru lui inspirer le plus petit intérêt.

— Votre Altesse Royale va se reposer? demanda timidement Andrée.

— Non, merci, mademoiselle, dit l'archiduchesse, l'air vif m'a ranimée ; voyez comme je suis forte et bien disposée maintenant.

Elle repoussa le bras de la comtesse et fit quelques pas avec la même rapidité et la même force que s'il ne fût rien arrivé.

— Mes chevaux, dit-elle, je pars.

M. de Rohan regarda tout étonné M. de Stainville, comme pour lui demander l'explication de ce changement subit.

— M. le Dauphin s'impatiente, répondit le gouverneur à l'oreille du cardinal.

Le mensonge avait été glissé avec tant

d'adresse que M. de Rohan le prit pour une indiscrétion et s'en contenta.

Quant à Andrée, son père l'avait habituée à respecter tout caprice de tête couronnée ; elle ne fut donc pas surprise de cette contradiction de Marie-Antoinette ; aussi celle-ci se retournant vers elle et ne voyant sur son visage que l'expression d'une ineffable douceur :

— Merci, mademoiselle, dit-elle, votre hospitalité m'a vivement touchée.

Puis s'adressant au baron :

— Monsieur, dit-elle, vous saurez qu'en partant de Vienne j'ai fait le vœu de faire la fortune du premier Français que je rencontrerais en touchant aux frontières de France. Ce Français, c'est votre fils...., Mais il ne sera point dit que je m'arrêterai là, et que mademoiselle... Comment nomme-t-on votre fille, monsieur?

— Andrée, Votre Altesse.

— Et que mademoiselle Andrée sera oubliée...

— Oh! Votre Altesse, murmura la jeune fille.

— Oui, j'en veux faire une demoiselle d'honneur; nous sommes en état de faire nos preuves, n'est-ce pas, monsieur? continua la Dauphine en se tournant vers Taverney.

— Oh! Votre Altesse, s'écria le baron dont cette parole réalisait tous les rêves, nous ne sommes point inquiets de ce côté-là, car nous avons plus de noblesse que de richesse... cependant... une si haute fortune...

— Elle vous est bien due... Le frère défendra le roi aux armées, la sœur servira la Dauphine chez elle ; le père donnera au fils des conseils de loyauté, à la fille des conseils de vertu... dignes serviteurs que j'aurai là, n'est-ce pas, monsieur ? continua Marie-Antoinette en s'adressant au jeune homme qui ne put que s'agenouiller; et sur les lèvres duquel l'émotion fit expirer la voix.

— Mais... murmura le baron auquel revint le premier la faculté de réfléchir.

— Oui, je comprends, dit la Dauphine, vous avez des préparatifs à faire, n'est-ce pas?

— Sans doute, madame, répondit Taverney.

— J'admets cela, cependant ces préparatifs ne peuvent être bien longs.

- Un sourire triste qui passa sur les lèvres

d'Andrée et de Philippe, tout en se dessinant amer sur celles du baron, l'arrêta dans cette voie qui devenait cruelle pour l'amour-propre des Taverney.

— Non, sans doute, si j'en juge par votre désir de me plaire, ajouta la Dauphine. D'ailleurs, attendez, je vous laisserai ici un de mes carrosses, il vous conduira à ma suite. Voyons, monsieur le gouverneur, venez à mon aide.

Le gouverneur s'approcha.

— Je laisse un carrosse à monsieur de Taverney que j'emmène à Paris avec mademoiselle Andrée, dit la Dauphine. Nommez quelqu'un pour accompagner ce carrosse et le faire reconnaître comme étant des miens.

— A l'instant même, madame, répondit le baron de Stainville, avancez, monsieur de Beausire.

Un jeune homme de vingt-quatre à vingt-cinq ans, à la démarche assurée, à l'œil vif et intelligent, sortit des rangs de l'escorte et s'avança le chapeau à la main.

— Vous garderez un carrosse pour M. de Taverney, dit le gouverneur, et vous accompagnerez le carrosse.

— Veillez à ce qu'il nous rejoigne

bientôt, dit Dauphine ; je vous autorise à doubler, s'il le faut, les relais.

Le baron et ses enfants se confondirent en actions de grâces.

— Ce brusque départ ne vous fait point trop de peine, n'est-ce pas, monsieur ? demanda la Dauphine.

— Nous sommes aux ordres de Votre Altesse, répondit le baron.

— Adieu ! adieu ! dit la Dauphine avec un sourire. En voiture, messieurs !... Monsieur Philippe, à cheval !

Philippe baisa la main de son père, embrassa sa sœur, et sauta en selle.

Un quart d'heure après, de toute cette cavalcade, tourbillonnant comme la nuée de la veille, il ne resta plus rien dans l'avenue de Taverney, sinon un jeune homme assis sur la borne de la porte, et qui, pâle et triste, suivait d'un œil avide les dernières traînées poudreuses que soulevaient au loin, sur la route, les pieds rapides des chevaux.

Ce jeune homme, c'était Gilbert.

Pendant ce temps, le baron, resté seul avec Andrée, n'avait pas encore pu retrouver la parole.

C'était un singulier spectacle que celui présenté par le salon de Taverney.

Andrée, les mains jointes, réfléchissait à cette foule d'événements étranges, inattendus, inouïs, qui venaient de passer tout à coup à travers sa vie si calme et croyait rêver.

Le baron épilait ses sourcils gris, du milieu desquels jaillissaient de longs poils recourbés, et déchiquetait son jabot.

Nicole, adossée à la porte, regardait ses maîtres.

La Brie, les bras pendants, la bouche ouverte, regardait Nicole.

Le baron se réveilla le premier.

— Scélérat ! cria-t-il à La Brie, tu restes

là comme une statue, et ce gentilhomme, cet exempt de la maison du roi, attend dehors.

La Brie fit un bond de côté, s'accrocha la jambe gauche avec la jambe droite, et disparut en trébuchant.

Un instant après il revint.

— Monsieur, dit-il, ce gentilhomme est là-bas.

— Que fait-il?

— Il fait manger les pimprenelles à son cheval.

— Laisse-le faire. Et le carrosse?

— Le carrosse est dans l'avenue.

— Tout attelé?

— De quatre chevaux. Oh! les belles bêtes, monsieur! elles mangent les grenadiers du parterre.

— Les chevaux du roi ont le droit de manger ce qu'ils veulent. A propos, et le sorcier ?

— Le sorcier, monsieur, il a disparu.

— En laissant la table toute servie, dit le baron, ce n'est pas croyable. Il reviendra, ou quelqu'un pour lui.

— Je ne crois pas, dit La Brie. Gilbert l'a vu partir avec son fourgon.

—Gilbert l'a vu partir avec son fourgon? répéta le baron pensif.

— Oui, monsieur.

— Ce fainéant de Gilbert, il voit tout. Va faire la malle.

— Elle est faite, monsieur.

— Comment, elle est faite?

— Oui; dès que j'ai entendu l'ordre de madame la Dauphine, je suis entré dans la chambre de M. le baron, et j'ai emballé ses habits et son linge.

— De quoi te mêles-tu, drôle!

— Dam! monsieur, j'ai cru bien faire en prévenant vos désirs.

— Imbécile! Allons, aide ma fille.

— Merci, mon père, j'ai Nicole.

Le baron se mit à réfléchir de nouveau.

— Mais, triple coquin, dit-il à La Brie, il y a une chose impossible!

— Laquelle, monsieur?

— Et à quoi tu n'as pas pensé, car tu ne penses à rien.

— Dites, monsieur.

— C'est que Son Altesse Royale soit partie sans laisser quelque chose à M. de Beausire, ou que le sorcier ait disparu sans remettre un mot à Gilbert.

En ce moment, on entendit comme un petit sifflement dans la cour.

— Monsieur, dit La Brie.

— Eh bien?

— On appelle.

— Qui cela?

— Ce monsieur.

— L'exempt du roi?

— Oui, et voilà Gilbert aussi qui se promène comme s'il avait quelque chose à dire.

— Alors, va donc, animal.

La Brie obéit avec sa promptitude accoutumée.

— Mon père, dit Andrée en s'approchant du baron, je comprends ce qui vous tourmente à cette heure. Vous le savez, j'ai une trentaine de louis et cette belle montre garnie de diamans que la reine Marie Leczinska a donnée à ma mère.

— Oui, mon enfant, oui, c'est bien, dit le baron ; mais garde, garde, il te faudra une belle robe pour ta présentation.... En attendant, c'est à moi de trouver des ressources. Chut ! voici La Brie.

— Monsieur, s'écria La Brie en entrant,

et en tenant d'une de ses mains une lettre et de l'autre quelques pièces d'or ; monsieur, voilà ce que la Dauphine a laissé pour moi, dix louis ! monsieur, dix louis !

— Et cette lettre, faquin ?

— Ah ! cette lettre est pour vous, monsieur ; elle vient du sorcier.

— Du sorcier ; et qui te l'a remise ?

— Gilbert.

— Je te le disais bien, double brute ; donne, mais donne donc vite.

Le baron arracha la lettre à La Brie, l'ouvrit précipitamment et lut tout bas:

« Monsieur le baron, depuis qu'une si auguste main a touché cette vaisselle chez vous, elle appartient à vous ; gardez-la donc comme une relique, et pensez quelquefois à votre hôte reconnaissant.

« JOSEPH BALSAMO. »

— La Brie ! cria le baron après avoir réfléchi un moment.

— Monsieur ?

— N'y a-t-il pas un bon orfèvre à Bar-le-Duc ?

— Oh ! oui, monsieur, celui qui a ressoudé la timballe d'argent de mademoiselle Andrée.

— C'est bien. Andrée, mettez à part le verre dans lequel a bu Son Altesse royale, et faites porter dans le carrosse le reste du service. Et toi, bélître, cours à la cave, et fais servir à ce gentilhomme ce qui reste ici de bon vin.

— Une bouteille, monsieur, dit La Brie avec une profonde mélancolie.

— C'est tout ce qu'il faut.

La Brie sortit.

— Allons, Andrée, continua le baron en prenant les deux mains de sa fille, allons, du courage, mon enfant. Nous allons à la cour; il y a beaucoup de titres vacants là-bas, beaucoup d'abbayes à donner, pas mal de régiments sans colonel, bon nombre de pensions en jachère. C'est un beau pays que la cour, bien éclairé par le soleil. Mets-toi toujours du côté où il luira, ma fille, tu es belle à voir. Va, mon enfant, va.

Andrée sortit à son tour après avoir présenté son front au baron.

Nicole la suivit.

— Holà! monstre de La Brie, cria Taverney en sortant le dernier, aie bien soin de monsieur l'exempt, entends-tu?

— Oui, monsieur, répondit La Brie du fond de la cave.

— Moi, continua le baron en trottinant vers sa chambre, moi, je vais ranger mes papiers... Que dans une heure nous soyons hors de ce bouge, Andrée, entends-tu bien! — J'en sortirai donc enfin de Taverney, et par la bonne porte encore. Quel brave homme que ce sorcier! — En vérité, je deviens superstitieux comme un diable. — Mais dépêche-toi donc, misérable La Brie.

— Monsieur, j'ai été obligé d'aller à tâtons. Il n'y avait plus de chandelle au château.

— Il était temps, à ce qu'il paraît, dit le baron.

II

Les vingt-cinq louis de Nicole.

Cependant, de retour dans sa chambre, Andrée activait les préparatifs de son départ. Nicole aida à ces préparatifs avec une ardeur qui dissipa promptement le nuage qui s'était élevé entre elle et sa maîtresse à l'occasion de la scène du matin.

Andrée la regardait faire du coin de l'œil et souriait en voyant qu'elle n'aurait pas même besoin de pardonner.

— C'est une bonne fille, se disait-elle tout bas, dévouée, reconnaissante, elle a ses faiblesses comme ici-bas toute créature. Oublions !

Nicole de son côté n'était pas fille à avoir perdu de vue la physionomie de sa maîtresse, et elle remarquait la bienveillance croissante qui se peignait sur son beau et calme visage.

— Sotte que je suis, pensa-t-elle, j'ai failli me brouiller, pour ce petit coquin de Gilbert, avec mademoiselle qui m'emmène à Paris, où l'on fait presque toujours fortune.

Il était difficile que sur cette pente rapide deux sympathies roulant l'une vers l'autre ne se recontrassent point, et, en se rencontrant, ne se missent point en contact.

Andrée donna la première réplique.

— Mettez mes dentelles dans un carton, dit-elle.

— Dans quel carton, mademoiselle? demanda la chambrière.

— Mais que sais-je? N'en avons-nous point?

— Si fait, j'ai celui que mademoiselle m'a donné, et qui est dans ma chambre.

Et Nicole courut chercher le carton avec une prévenance qui acheva de déterminer Andrée à oublier tout à fait.

— Mais c'est à toi ce carton, dit-elle en voyant reparaître Nicole, et tu peux en avoir besoin, pauvre enfant.

— Dam ! si mademoiselle en a plus besoin que moi, comme c'est à elle en définitive que le carton appartient...

— Quand on veut entrer en ménage,

reprit Andrée, on n'a jamais assez de meubles. Ainsi c'est donc toi, en ce moment, qui en as plus besoin que moi.

Nicole rougit.

— Il te faut des cartons, continua Andrée, pour mettre ta parure de noces.

— Oh! mademoiselle, dit gaiement Nicole en secouant la tête, mes parures de noces, à moi, seront faciles à loger et ne tiendront pas grand'place.

— Pourquoi ? Si tu te maries, Nicole, je veux que tu sois heureuse, riche même.

— Riche !

— Oui, riche, proportionnellement, sans doute.

— Mademoiselle m'a donc trouvé un fermier général ?

— Non; mais je t'ai trouvé une dot.

— En vérité, mademoiselle ?

— Tu sais ce qu'il y a dans ma bourse.

— Oui, mademoiselle, vingt-cinq beaux louis d'or.

— Eh bien ! ces vingt-cinq louis sont à toi, Nicole.

— Vingt-cinq louis ! Mais c'est une fortune, cela, s'écria Nicole ravie.

— Tant mieux ! si tu dis cela sérieusement, ma pauvre fille.

— Et mademoiselle me donne ces vingt-cinq louis?

— Je te les donne.

Nicole eut un mouvement de surprise, puis d'émotion, puis des larmes lui vinrent aux yeux, et elle se jeta sur la main d'Andrée qu'elle baisa.

— Alors ton mari sera content, n'est-ce pas? dit mademoiselle de Taverney.

— Sans doute bien content, dit Nicole; du moins, mademoiselle, je l'espère.

Et elle se mit à songer que ce qui avait

causé le refus de Gilbert, c'était sans doute la crainte de la misère, et que, maintenant qu'elle était riche, elle allait peut-être paraître plus désirable à l'ambitieux jeune homme. Alors elle se promit d'offrir à l'instant même à Gilbert sa part de la petite fortune qu'elle devait à la libéralité d'Andrée, voulant se l'attacher par la reconnaissance et l'empêcher de courir au mal. Voilà ce qu'il y avait de vraiment généreux dans le projet de Nicole. Maintenant, peut-être un malveillant commentateur de sa rêverie eût-il découvert dans toute cette générosité un petit germe d'orgueil, un involontaire besoin d'humilier celui qui l'avait humiliée.

Mais ajoutons vite, pour répondre à ce pessimiste, qu'en ce moment nous en sommes à peu près sûr, — la somme des bonnes intentions l'emportait de beaucoup, chez Nicole, sur celle des mauvaises.

Andrée la regardait penser.

— Pauvre enfant! soupira-t-elle, elle qui, insouciante, pourrait être si heureuse.

Nicole entendit ces mots et tressaillit. Ces mots laissaient en effet entrevoir à la frivole jeune fille tout un Eldorado de soie, de diamants, de dentelles, d'amour, auquel Andrée, pour qui la vie tranquille était le bonheur, n'avait pas même songé.

Et cependant, Nicole détourna les yeux de ce nuage d'or et de pourpre qui passait à son horizon.

Elle résista.

— Enfin, mademoiselle, je serai peut-être heureuse ici, dit-elle ; au petit bonheur !

— Réfléchis bien, mon enfant.

— Oui, mademoiselle, je réfléchirai.

— Tu feras sagement, rends-toi heureuse à ta façon, mais ne sois plus folle.

— C'est vrai, mademoiselle, et puisque l'occasion s'en présente, je suis aise de dire à mademoiselle que j'étais bien folle, et surtout bien coupable; mais que mademoiselle me pardonne, quand on aime...

— Tu aimes donc sérieusement Gilbert?

— Oui, mademoiselle; je... je l'aimais, dit Nicole.

— C'est incroyable! dit Andrée en souriant; quelque chose a donc pu te plaire dans ce garçon? La première fois que je le verrai, il faut que je le regarde, ce monsieur Gilbert qui ravage les cœurs.

Nicole regarda Andrée avec un dernier doute. Andrée, en parlant ainsi, usaitelle d'une profonde hypocrisie, ou se laissait-elle aller à sa parfaite innocence?

Andrée n'avait peut-être pas regardé Gilbert, c'était ce que se disait Nicole ; mais à coup sûr, se disait-elle encore, Gilbert avait regardé Andrée.

Elle voulut être mieux renseignée en tout point avant de tenter la demande qu'elle projetait.

— Est-ce que Gilbert ne vient pas avec nous à Paris, mademoiselle? demanda Nicole.

— Pourquoi faire? répliqua Andrée.

— Mais...

— Gilbert n'est pas un domestique; Gilbert ne peut être l'intendant d'une maison parisienne. Les oisifs de Taverney, ma chère Nicole, sont comme les oiseaux qui gazouillent dans les branches de mon petit jardin et dans les haies de l'avenue. Le sol, si pauvre qu'il soit, les nourrit. Mais un oisif, à Paris, coûte trop cher, et nous ne saurions là-bas le tolérer à rien faire.

— Si je l'épouse, cependant, balbutia Nicole.

— Eh bien! Nicole, si tu l'épouses, tu demeureras avec lui à Taverney, dit Andrée d'un ton ferme, et cette maison que ma mère aimait tant, vous nous la garderez.

Nicole fut abasourdie du coup ; impossible de trouver le moindre mystère dans les paroles d'Andrée. Andrée renonçait à Gilbert sans arrière-pensée, sans l'ombre d'un regret; elle livrait à une autre celui que, la veille, elle avait honoré de sa préférence ; c'était incompréhensible.

—Sans doute, les demoiselles de qualité sont ainsi faites, se dit Nicole ; c'est pour cela que j'ai vu si peu de chagrins profonds au couvent des Annonciades, et cependant que d'intrigues !

Andrée devina probablement l'hésitation de Nicole ; probablement aussi vit-elle son esprit flotter entre l'ambition des plaisirs parisiens et la douce et tranquille médiocrité de Taverney, car, d'une voix douce, mais ferme :

— Nicole, dit-elle, la résolution que tu vas prendre décidera peut-être de toute ta vie; réfléchis, mon enfant; il te reste une heure pour te décider. Une heure, c'est bien peu sans doute, je le sais, mais je te crois prompte dans tes décisions : mon service ou ton mari, moi ou Gilbert. Je ne veux pas être servie par une femme mariée, je déteste les secrets de ménage.

— Une heure, mademoiselle! répéta Nicole; une heure !

— Une heure.

— Eh bien! mademoiselle a raison, c'est tout autant qu'il m'en faut.

— Allons, rassemble tous mes habits, joins-y ceux de ma mère, que je vénère, tu le sais, comme des reliques, et reviens m'annoncer ta résolution. Quelle qu'elle soit, voici tes vingt-cinq louis. Si tu te maries, c'est ta dot; si tu me suis, ce sont tes deux premières années de gages.

Nicole prit la bourse des mains d'Andrée et la baisa.

La jeune fille ne voulait sans doute pas perdre une seconde de l'heure que lui avait accordée sa maîtresse, car elle s'élança hors de la chambre, descendit rapidement l'escalier, traversa la cour et se perdit dans l'avenue.

Andrée la regarda s'éloigner en murmurant :

— Pauvre folle, qui pouvait être heureuse ! Est-ce donc si doux l'amour ?

Cinq minutes après, toujours pour ne pas perdre de temps, sans doute, Nicole frappait aux vitres du rez-de-chaussée qu'habitait Gilbert, décoré si généreusement par Andrée du nom d'oisif, et par le baron de celui de fainéant.

Gilbert tournait le dos à cette fenêtre,

donnant sur l'avenue, et remuait on ne sait quoi au fond de sa chambre.

Au bruit des doigts de Nicole tambourinant sur la vitre, il abandonna, comme un voleur surpris en flagrant délit, l'œuvre qui l'occupait, et se retourna plus prompt que si un ressort d'acier l'eût fait mouvoir.

— Ah! fit-il, c'est vous, Nicole?

— Oui, c'est encore moi, répondit la jeune fille à travers les carreaux, avec un air décidé, mais souriant.

— Alors soyez la bienvenue, Nicole, dit Gilbert en allant ouvrir la fenêtre.

Nicole, sensible à cette première démonstration de Gilbert, lui tendit la main ; Gilbert la serra.

— Voilà qui va bien, pensa-t-elle, adieu le voyage de Paris.

Et c'est ici qu'il faut louer sincèrement Nicole qui n'accompagna cette réflexion que d'un seul soupir.

— Vous savez, dit la jeune fille en s'accoudant sur la fenêtre, vous savez, Gilbert, que l'on quitte Taverney.

— Je le sais, répondit Gilbert.

— Vous savez où l'on va ?

— L'on va à Paris.

— Et vous savez encore que je suis du voyage?

— Non, je ne le savais pas.

— Eh bien?

— Eh bien! je vous en félicite, si la chose vous plaît.

— Comment avez-vous dit cela? demanda Nicole.

— J'ai dit : si la chose vous plaît ; c'est clair, ce me semble.

— Elle me plaît... c'est selon, reprit Nicole.

— Que voulez-vous dire, à votre tour?

— Je veux dire qu'il dépendrait de vous que la chose ne me plût pas.

— Je ne comprends pas, dit Gilbert en s'asseyant sur la fenêtre de telle façon que ses genoux effleuraient les bras de Nicole, et que tous deux pouvaient continuer leur conversation, à moitié cachés par les lianes de liserons et de capucines enroulées au-dessus de leurs têtes.

Nicole regarda tendrement Gilbert.

Mais Gilbert fit un signe du cou et des épaules qui voulait dire qu'il ne comprenait pas plus le regard que les paroles.

— C'est bien... Puisqu'il faut tout vous dire, écoutez donc, reprit Nicole.

— J'écoute, dit froidement Gilbert.

— Mademoiselle m'offre de la suivre à Paris.

— Bon, dit Gilbert.

— A moins que...

— A moins que....? répéta le jeune homme.

— A moins que je ne trouve à me marier ici.

— Vous tenez donc toujours à vous marier? dit Gilbert impassible.

— Oui, surtout depuis que je suis riche, répéta Nicole.

— Ah ! vous êtes riche ? demanda Gilbert avec un flegme qui dérouta les soupçons de Nicole.

— Très-riche, Gilbert.

— Vraiment ?

— Oui.

— Et comment ce miracle s'est-il fait ?

— Mademoiselle m'a dotée.

— C'est un grand bonheur, et je vous en félicite, Nicole.

— Tenez, dit la jeune fille en faisant

ruisseler dans sa main les vingt-cinq louis.

Et ce disant, elle regardait Gilbert pour saisir dans ses yeux un rayon de joie ou tout au moins de convoitise.

Gilbert ne sourcilla point.

— Par ma foi! dit-il, c'est une belle somme.

— Ce n'est pas le tout, continua Nicole, monsieur le baron va redevenir riche. On songe à rebâtir Maison-Rouge et à embellir Taverney.

— Je le crois bien.

— Et alors le château aura besoin d'être gardé.

— Sans doute.

— Eh bien! mademoiselle donne la place de...

— De concierge à l'heureux époux de Nicole, continua Gilbert avec une ironie qui ne fut point assez dissimulée cette fois pour que ne s'en effarouchât pas la fine oreille de Nicole.

Elle se contint cependant.

— L'heureux époux de Nicole, reprit-elle, n'est-ce point quelqu'un que vous connaissez, Gilbert?

— De qui voulez-vous parler, Nicole?

— Voyons… est-ce que vous devenez imbécile, ou est-ce que je ne parle plus français? s'écria la jeune fille qui commençait à s'impatienter à ce jeu.

— Je vous entends à merveille, dit Gilbert; vous m'offrez d'être votre mari, n'est-ce pas, mademoiselle Legay?

— Oui, monsieur Gilbert.

— Et c'est après être devenue riche, se hâta de dire celui-ci, que vous conservez pour moi de pareilles intentions; en vérité, je vous en suis bien reconnaissant.

— Vraiment?

— Sans doute.

— Eh bien! dit franchement Nicole, touchez là.

— Moi ?

— Vous acceptez, n'est-ce pas ?

— Je refuse.

Nicole fit un bond.

— Tenez, dit-elle, vous êtes un mauvais cœur ou tout au moins un mauvais esprit, Gilbert, et, croyez-moi, ce que vous faites en ce moment ne vous portera point bonheur. Si je vous aimais encore, et si j'avais mis en ce que je fais en ce moment autre chose qu'un point d'honneur et de probité, vous me déchireriez l'âme. Mais, Dieu merci ! j'ai voulu qu'il ne fût pas dit que Nicole, devenue riche, méprisait Gilbert et lui rendait une souffrance pour une insulte. A présent, Gilbert, tout est fini entre nous.

Gilbert fit un geste d'indifférence.

— Ce que je pense de vous, vous ne pouvez en douter, dit Nicole; me décider, moi, moi dont vous connaissez le caractère aussi libre, aussi indépendant que le vôtre, me décider, moi, à m'enterrer ici, quand Paris m'attend? Paris qui sera mon théâtre, comprenez-vous? Me décider à avoir tout le jour, toute l'année et toute la vie, cette froide et impénétrable figure derrière laquelle se cachent tant de vilaines pensées ! C'était un sacrifice ; vous ne l'avez pas compris, tant pis pour vous. Je ne dis pas que vous me regretterez, Gilbert ; je dis que vous me redouterez et que vous rougirez de me voir là où m'aura conduite votre mépris de ce jour. Je pouvais redevenir honnête ; une main me manquait, une main amie pour m'arrêter au bord de l'abîme, où je penche, où je glisse, où je vais tomber. J'ai crié : Aidez-moi, soutenez-moi ; vous m'avez repoussée, Gilbert. J'y roule, j'y tombe, je m'y perds. Dieu vous tiendra compte de ce crime. Adieu, Gilbert, adieu.

Et la fière jeune fille s'en retourna sans colère, sans impatience, ayant fini, comme toutes les natures d'élite, par laisser venir à la surface le fond généreux de son âme.

Gilbert ferma tranquillement sa fenêtre et rentra dans sa cabane, où il reprit cette mystérieuse occupation interrompue par l'arrivée de Nicole.

III

Adieux à Taverney.

Nicole, avant de rentrer près de sa maîtresse, s'arrêta sur l'escalier pour comprimer les derniers cris de la colère qui grondait en elle.

Le baron la rencontra immobile, pensive, le menton dans sa main et les sourcils contractés; et, tout occupé qu'il fût, la voyant si jolie, il l'embrassa, comme l'eût fait M. de Richelieu à trente ans.

Nicole, tirée de sa rêverie par cette gaillardise du baron, remonta précipitamment chez Andrée, qui achevait de fermer un coffret.

— Eh bien! dit mademoiselle de Taverney, ces réflexions?

— Elles sont faites, mademoiselle, répondit Nicole avec un air des plus délibérés.

— Tu te maries?

— Non pas, au contraire.

— Ah bah ! et ce grand amour ?

— Ne me vaudra jamais ce que me vaudront les bontés dont mademoiselle me comble à toute heure. J'appartiens à mademoiselle et lui veux appartenir toujours. Je connais la maîtresse que je me suis donnée, connaîtrais-je aussi bien le maître que je me donnerais ?

Andrée fut touchée de cette manifestation de sentiments, qu'elle était loin de croire trouver chez l'étourdie Nicole. Il va sans dire qu'elle ignorait que cette même Nicole faisait d'elle un pis-aller.

Elle sourit, heureuse de trouver une

créature humaine meilleure qu'elle ne l'espérait.

— Tu fais bien de m'être attachée, Nicole, répliqua-t-elle. Je ne l'oublierai pas. Confie-moi ton sort, mon enfant, et si quelque bonheur m'arrive, tu en auras ta part, je te le promets.

— Oh! mademoiselle, c'est décidé, je vous suis.

— Sans regrets?

— Aveuglément.

— Ce n'est pas répondre, dit Andrée. Je ne voudrais pas qu'un jour tu pusses me reprocher de m'avoir suivie aveuglément.

— Je n'aurai de reproches à faire qu'à moi-même, mademoiselle.

— Alors tu t'es donc entendue de cela avec ton prétendu ?

Nicole rougit.

— Moi ? dit-elle.

— Oui, toi, je t'ai vue causer avec lui.

Nicole se mordit les lèvres. Elle avait une fenêtre parallèle à celle d'Andrée, et elle savait bien que de cette fenêtre on voyait celle de Gilbert.

— C'est vrai, mademoiselle, répondit Nicole.

— Et tu lui as dit ?

— Je lui ai dit, reprit Nicole qui crut remarquer qu'Andrée la questionnait, et qui, rendue à ses premiers soupçons par cette fausse manœuvre de l'ennemi, essaya de répondre hostilement, je lui ai dit que je ne voulais plus de lui.

Il était décidé que ces deux femmes, l'une avec sa pureté de diamant, l'autre avec sa tendance naturelle au vice, ne s'entendraient jamais.

Andrée continua de prendre les aigreurs de Nicole pour des cajoleries.

Pendant ce temps, le baron complétait

l'attirail de son bagage : une vieille épée qu'il portait à Fontenoy, des parchemins qui établissaient son droit à monter dans les carrosses de Sa Majesté, une collection de la *Gazette*, et certaines correspondances formaient la portion la plus volumineuse de son avoir. Comme Bias, il portait tout cela sous un bras.

La Brie avait l'air de suer en marchant, courbé sous une malle à peu près vide.

On retrouva dans l'avenue monsieur l'exempt qui, pendant tous ces préparatifs, avait vidé sa bouteille jusqu'à la dernière goutte.

Le galant avait remarqué la taille si fine, la jambe si ronde de Nicole, et ne cessait de rôder de la pièce d'eau aux marronniers pour revoir cette charmante coureuse, aussi vite disparue qu'entrevue sous les massifs.

M. de Beausire, ainsi avons-nous déjà dit qu'on l'appelait, fut tiré de sa contemplation par l'invitation que lui fit le baron d'appeler la voiture. Il fit un soubresaut, salua M. de Taverney, et commanda d'une voix sonore au cocher d'entrer dans l'avenue.

Le carrosse entra. La Brie déposa la malle sur ses ressorts avec un indicible mélange de joie et d'orgueil.

— Je vais donc monter dans les carrosses du roi, murmura-t-il, emporté par son enthousiasme, et croyant être seul.

— Derrière, mon bel ami, répliqua Beausire avec un sourire protecteur.

— Quoi, vous emmenez La Brie, monsieur, dit Andrée au baron ; et qui gardera Taverney ?

— Pardieu, ce fainéant de philosophe !

— Gilbert ?

— Sans doute, n'a-t-il pas un fusil ?

— Mais avec quoi se nourrira-t-il !

— Avec son fusil, pardieu ! et il fera

bonne chère! soyez tranquille, les grives et les merles ne manquent point à Taverney.

Andrée regarda Nicole, celle-ci se mit à rire.

— Voilà comme tu le plains, méchant cœur, dit Andrée.

— Oh! il est fort adroit, mademoiselle, riposta Nicole, et, soyez tranquille, il ne se laissera pas mourir de faim.

— Il faut lui laisser un ou deux louis, monsieur, dit Andrée au baron.

— Pour le gâter. Bon, il est déjà assez vicieux comme cela.

— Non, pour le faire vivre.

— On lui enverra quelque chose, s'il crie.

— Bah! dit Nicole, soyez tranquille, mademoiselle, il ne criera pas.

— N'importe, dit Andrée, laisse-lui trois ou quatre pistoles.

— Il ne les acceptera point.

— Il ne les acceptera point! Il est donc bien fier, ton monsieur Gilbert?

— Oh! mademoiselle, ce n'est plus le mien, Dieu merci!

— Allons, allons, dit Taverney, pour

rompre tous ces détails dont son égoïsme se fatiguait, allons, au diable M. Gilbert, le carrosse nous attend, montons en voiture, ma fille.

Andrée ne répliqua point, elle salua du regard le petit château, et rentra dans le lourd et massif carrosse.

M. de Taverney s'y plaça près d'elle. La Brie, toujours vêtu de sa magnifique livrée, et Nicole qui semblait n'avoir jamais connu Gilbert, s'installèrent sur le siége. Le cocher enjamba un des chevaux en postillon.

— Mais, monsieur l'exempt, où se place-t-il ? cria Taverney.

— A cheval, monsieur le baron, à cheval, répondit Beausire en lorgnant Nicole qui rougissait d'aise, d'avoir si vite remplacé un grossier paysan par un élégant cavalier.

Bientôt la voiture s'ébranla sous les efforts de quatre vigoureux chevaux ; et les arbres de l'avenue, de cette avenue si connue d'Andrée, commencèrent à glisser des deux côtés du carrosse, et à disparaître un à un, tristement inclinés sous le vent d'est, comme pour dire un dernier adieu aux maîtres qui les abandonnaient. On arriva près de la porte cochère.

Gilbert s'était placé droit immobile à

cette porte. Le chapeau à la main, il ne regardait pas, et pourtant il voyait Andrée.

Elle, penchée de l'autre côté de la portière, cherchait à voir le plus longtemps possible sa chère maison.

— Arrêtez un peu, s'écria M. de Taverney au postillon.

Celui-ci retint ses chevaux.

— Çà, monsieur le fainéant, dit le baron à Gilbert, vous allez être bien heureux; vous voilà seul comme doit être un vrai philosophe, rien à faire, pas de gronderie à essuyer. Tâchez au moins que le feu ne brûle bas, tandis que vous dormirez et prenez soin de Mahon.

Gilbert s'inclina sans répondre. Il croyait sentir le regard de Nicole peser sur lui d'un poids insupportable ; il craignait de voir la jeune fille triomphante et ironique, et il craignait cela comme on peut craindre la morsure d'un fer rouge.

— Allez, postillon ! cria M. de Taverney.

Nicole n'avait pas ri, comme le craignait Gilbert ; il lui avait même fallu plus que sa force habituelle, plus que son courage personnel pour ne pas plaindre tout haut le pauvre garçon, qu'on abandonnait sans pain, sans avenir, sans consolation ;

il lui avait fallu regarder M. de Beausire qui avait si excellente mine sur son cheval qui caracolait.

Or, comme Nicole regardait M. de Beausire, elle ne put voir que Gilbert dévorait Andrée des yeux.

Andrée ne voyait rien, elle, à travers ses yeux mouillés de larmes, que la maison où elle était née et où sa mère était morte.

La voiture disparut. Gilbert, si peu de chose déjà pour les voyageurs un instant auparavant, commençait à n'être plus rien du tout pour eux.

Taverney, Andrée, Nicole et La Brie, en franchissant la porte du château, venaient d'entrer dans un nouveau monde.

Chacun avait sa pensée.

Le baron calculait qu'à Bar-le-Duc on lui prêterait facilement cinq ou six mille livres sur le service doré de Balsamo.

Andrée récitait tout bas une petite prière que lui avait apprise sa mère pour éloigner d'elle le démon de l'orgueil et de l'ambition.

Nicole fermait son fichu que le vent dérangeait trop peu au gré de M. de Beausire.

La Brie comptait au fond de sa poche

les dix louis de la reine et les deux louis de Balsamo.

M. de Beausire galopait.

Gilbert ferma la grande porte de Taverney dont les battants gémirent comme d'habitude, faute d'huile.

Alors il courut à sa petite chambre, et tira sa commode de chêne, derrière laquelle se trouva un paquet tout prêt. Il passa les nœuds de ce paquet, enfermé dans une serviette, au bout de sa canne de cornouiller. Puis découvrant son lit de sangle formé d'un matelas bourré de foin, il éventra le matelas. Ses mains y rencontrèrent bien vite un papier plié dont il s'empara. Ce papier contenait un écu de six livres poli et luisant. C'étaient les économies de Gilbert depuis trois ou quatre ans peut-être.

Il ouvrit le papier, regarda l'écu pour bien s'assurer qu'il n'était point changé et le mit dans la poche de sa culotte, toujours protégé par son papier.

Mahon hurlait, en bondissant de toute la longueur de sa chaîne; le pauvre animal gémissait de se voir ainsi abandonné successivement par tous ses amis, car, avec son admirable instinct, il devinait que Gilbert allait l'abandonner à son tour.

Il se mit donc à hurler de plus en plus.

— Tais-toi, lui cria Gilbert, tais-toi, Mahon.

Puis, comme souriant au parallèle antithétique qui se présentait à son esprit :

— Ne m'abandonnait-on pas comme un chien? ajouta-t-il, pourquoi ne t'abandonnerait-on pas comme un homme?

Puis réfléchissant :

— Mais on m'abandonnait libre, au moins, libre de chercher ma vie comme je l'entendais. Eh bien! soit, Mahon, je ferai pour toi ce que l'on faisait pour moi, ni plus ni moins.

Et, courant à la niche et détachant la chaîne de Mahon :

— Te voilà libre, dit-il, cherche ta vie comme tu l'entendras.

Mahon bondit vers la maison, dont il trouva les portes fermées, puis alors il s'élança vers les ruines, et Gilbert le vit disparaître dans les massifs.

—Bien, dit-il, maintenant nous verrons lequel a le plus d'instinct du chien ou de l'homme.

Cela dit, Gilbert sortit par la petite porte qu'il ferma à double tour et dont il jeta la clef par-dessus la muraille jusque dans la pièce d'eau, avec cette adresse qu'ont les paysans à lancer les pierres.

Toutefois, comme la nature, monotone dans la génération des sentiments, est variée dans leur manifestation, Gilbert éprouva, en quittant Taverney, quelque chose de pareil à ce qu'avait éprouvé Andrée. Seulement, de la part d'Andrée, c'était le regret du temps passé; de la part de Gilbert, c'était l'espérance d'un temps meilleur.

— Adieu, dit-il en se retournant pour voir une dernière fois le petit château dont on apercevait le toit perdu dans le feuillage des sycomores et dans les fleurs des ébéniers; adieu, maison où j'ai tant souffert, où chacun m'a détesté, où l'on m'a jeté le pain en me disant que je volais; adieu! sois maudite. Mon cœur bondit de joie et se sent libre depuis que tes murs ne m'enferment plus; adieu, prison ! adieu, enfer, antre de tyrans, adieu, pour jamais adieu !

Et après cette imprécation, moins poétique peut-être, mais non moins significative que tant d'autres, Gilbert prit son élan pour courir après la voiture, dont le bruissement lointain retentissait encore dans l'espace.

IV

L'écu de Gilbert.

Après une demi-heure de course effrénée, Gilbert poussa un cri de joie, il venait d'apercevoir à un quart de lieue devant lui la voiture du baron qui montait une côte au pas.

Alors Gilbert sentit en lui-même un véritable mouvement d'orgueil, car il se dit qu'avec les seules ressources de sa jeunesse, de sa vigueur et de son intelligence, il allait égaler les ressources de la richesse, de la puissance et de l'aristocratie.

C'est alors que M. de Taverney eût pu appeler Gilbert un philosophe, le voyant sur la route, son bâton à la main, son mince bagage accroché à sa boutonnière, faisant des enjambées rapides, sautant des talus pour économiser le terrain et s'arrêtant à chaque montée comme s'il eût dit dédaigneusement aux chevaux :

— Vous n'allez pas assez vite pour moi, et je suis forcé de vous attendre.

Philosophe! oh! oui, certes, il l'était bien alors, si l'on appelle philosophie, le mépris de toute jouissance, de toute facilité. Certes, il n'avait pas été accoutumé à une vie molle, mais combien de gens l'amour n'amollit-il pas!

C'était donc, il faut le dire, un beau spectacle, un spectacle digne de Dieu, père des créatures énergiques et intelligentes, que celui de ce jeune homme courant, tout poudreux et tout rougissant, pendant une heure ou deux, jusqu'à ce qu'il eût presque rattrapé le carrosse, et se reposant avec délices lorsque les chevaux n'en pouvaient plus. Gilbert, ce jour-là, n'eût dû inspirer que de l'admiration à quiconque eût pu le suivre des yeux et de l'esprit, comme nous le suivons ; et qui sait même si la superbe Andrée, le voyant, n'eût pas été touchée, et si cette indifférence qu'elle avait manifestée à l'endroit de sa paresse, ne se fût point changée en estime pour son énergie ?

La première journée se passa ainsi. Le baron s'arrêta même une heure à Bar-le-Duc, ce qui donna à Gilbert tout le temps, non-seulement de le rejoindre, mais de le dépasser. Gilbert fit le tour de la ville, car il avait entendu l'ordre donné de s'arrêter chez un orfèvre, puis, quand il vit venir le carrosse, il se jeta dans un massif, et, le carrosse passé, il se mit comme auparavant à sa suite.

Vers le soir le baron rejoignit les voitures de la Dauphine au petit village de Brillou, dont les habitants, amoncelés sur la colline, faisaient entendre des cris de joie et des souhaits de prospérité.

Gilbert n'avait mangé pendant toute la journée qu'un peu de pain emporté de Taverney, mais, en récompense, il avait à discrétion bu l'eau d'un magnifique ruisseau qui traversait la route, et dont le cours était si pur, si frais, si brodé de cressons et de nymphéas jaunes, que, sur la demande d'Andrée, le carrosse s'était arrêté, et qu'Andrée était descendue elle-même, et avait puisé un verre de cette eau dans la tasse d'or de la Dauphine, seule pièce de service que, sur la prière de sa fille, le baron eût conservée.

Caché derrière un des ormes de la route, Gilbert avait vu tout cela.

Aussi lorsque les voyageurs s'étaient éloignés, Gilbert était-il venu juste au même endroit, avait-il mis le pied sur le petit tertre où il avait vu remonter Andrée, et bu l'eau dans sa main, comme Diogène, aux mêmes flots où venait de se désaltérer mademoiselle de Taverney.

Puis bien rafraîchi il avait repris sa course.

Une seule chose inquiétait Gilbert, c'était de savoir si la Dauphine coucherait en route. Si la Dauphine couchait en route, ce qui était probable, car après la fatigue dont elle s'était plainte à Taverney, elle aurait certes besoin de repos; si la Dauphine couchait en route, disons-nous, Gilbert était sauvé. On s'arrêterait sans doute, dans ce cas, à Saint-Dizier. Deux heures de sommeil dans une grange lui suffiraient, à lui, pour rendre l'élasticité à ses jambes, qui commençaient à se roidir; puis, ces deux heures écoulées, il se remettrait en chemin, et pendant la nuit, tout en marchant à petits pas, il gagnerait facilement cinq ou six lieues sur eux. On marche si bien à dix-huit ans, par une belle nuit du mois de mai !

Le soir vint, enveloppant l'horizon de son ombre sans cesse rapprochée, jusqu'à ce que cette ombre eût gagné jusqu'au chemin où courait Gilbert. Bientôt il ne vit plus de la voiture que la grosse lanterne placée au côté gauche du carrosse, et dont le reflet faisait sur la route l'effet d'un fantôme blanc toujours courant effaré sur le revers du chemin.

Après le soir, vint la nuit. On avait fait

douze lieues, on arriva à Combles; les équipages parurent s'arrêter un instant. Gilbert crut que décidément le ciel était pour lui. Il s'approcha pour entendre la voix d'Andrée. Le carrosse était stationnaire; il se glissa dans le renfoncement d'une grande porte. Il vit Andrée au rayonnement des flambeaux, il l'entendit demander quelle heure il était. Une voix répondit : onze heures. En ce moment, Gilbert n'était point las, et il eût repoussé avec mépris l'offre de monter dans une voiture.

C'est que déjà aux yeux ardents de son imagination apparaissait Versailles, doré, resplendissant; Versailles, la ville des nobles et des rois. Puis, au delà de Versailles, Paris, sombre, noir, immense; Paris la ville du peuple.

Et en échange de ces visions qui récréaient son esprit, Gilbert n'eût point accepté tout l'or du Pérou.

Deux choses le tirèrent de son extase, le bruit que firent les voitures en repartant et un coup violent qu'il se donna contre une charrue oubliée sur la route.

Son estomac aussi commençait à crier famine.

Heureusement, se disait Gilbert, j'ai de l'argent, je suis riche.

On sait que Gilbert avait un écu.

Jusqu'à minuit, les voitures roulèrent.

A minuit, on arriva à Saint-Dizier. C'était là que Gilbert avait l'espoir que l'on coucherait.

Gilbert avait fait seize lieues en douze heures.

Il s'assit sur le revers du fossé.

Mais à Saint-Dizier on relaya seulement, Gilbert entendit le bruit des grelots qui s'éloignaient de nouveau. Les illustres voyageurs avaient rafraîchi seulement au milieu des flambeaux et des fleurs.

Gilbert eut besoin de tout son courage.

Il se remit sur ses jambes avec une énergie de volonté qui lui fit oublier que, dix minutes auparavant, ses jambes faiblissaient sous lui.

— Bien, dit-il, partez, partez! Moi aussi tout à l'heure je m'arrêterai à Saint-Dizier, j'y achèterai du pain et un morceau de lard, j'y boirai un verre de vin, j'aurai dépensé cinq sous, et pour mes cinq sous je serai mieux réconforté que les *maîtres*.

C'était avec son emphase ordinaire que Gilbert prononçait ce mot *maîtres* que nous soulignons à cet effet.

Gilbert entra comme il se l'était promis à Saint-Dizier, où l'on commençait, l'escorte étant passée, à fermer les volets et les portes des maisons.

Notre philosophe vit une auberge de bonne mine, servantes parées, valets endimanchés et fleuris aux boutonnières, bien qu'il fût une heure du matin; il aperçut sur les grands plats de faïence à fleurs les volailles sur lesquelles une forte dîme avait été prélevée par les affamés du cortége.

Il entra résolument dans l'auberge principale, on mettait la dernière barre aux contrevents, il se baissa pour entrer dans la cuisine.

La maîtresse de l'hôtel était là, surveillant tout et comptant sa recette.

— Pardon, madame, dit Gilbert, donnez-moi, s'il vous plaît, un morceau de pain et du jambon.

— Il n'y a pas de jambon, mon ami, répondit l'hôtesse. Voulez-vous du poulet?

— Non pas; j'ai demandé du jambon, parce que c'est du jambon que je désire; je n'aime pas le poulet.

— Alors c'est fâcheux, mon petit homme, dit l'hôtesse, car il n'y a que cela. Mais croyez-moi, ajouta-t-elle en souriant, le poulet ne sera pas plus cher pour vous que du jambon ; aussi prenez-en une moitié, un tout entier pour dix sous, cela vous fera votre provision pour demain. Nous pensions que Son Altesse Royale s'arrêterait chez M. le bailli et que nous débiterions nos provisions à ses équipages; mais elle n'a fait que passer, et voilà nos provisions perdues.

On pourrait croire que Gilbert ne voulut point, puisque l'occasion était si belle, et l'hôtesse si bonne, manquer l'occasion unique qui se présentait de faire un bon repas, mais ce serait complétement méconnaître son caractère.

— Merci, dit-il, je me contente de

moins; je ne suis ni un prince ni un laquais.

— Alors je vous le donne, mon petit Artaban, dit la bonne femme, et que Dieu vous accompagne.

— Je ne suis pas un mendiant non plus, bonne femme, dit Gilbert humilié. J'achète, et je paye.

Et Gilbert, pour joindre l'effet aux paroles, enfonça majestueusement sa main dans le gousset de sa culotte, où elle disparut jusqu'au coude.

Mais il eut beau fouiller et refouiller en pâlissant dans cette vaste poche, il n'en tira que le papier dans lequel était renfermé l'écu de six livres. L'écu, ballotté, avait usé son enveloppe qui était vieille et macérée, puis la toile de la poche qui était mûre, enfin il s'était glissé dans la culotte, dont il était sorti par la jarretière débouclée.

Gilbert avait débouclé ses jarretières pour donner plus d'élasticité à ses jambes.

L'écu était sur la route, probablement aux bords du ruisseau dont les flots avaient tant charmé Gilbert.

Le pauvre enfant avait payé six francs un verre puisé dans le creux de sa main.

Au moins, quand Diogène philosophait sur l'inutilité des écuelles de bois, n'avait-il ni poches à trouer, ni écu de six livres à perdre.

La pâleur, le tremblement de honte de Gilbert, émurent la bonne femme. Assez d'autres eussent triomphé de voir un orgueilleux puni; elle, elle souffrit de cette souffrance si bien peinte sur les traits bouleversés du jeune homme.

— Voyons, mon pauvre enfant, lui dit-elle, soupez et couchez ici; puis demain, s'il faut absolument que vous partiez, vous continuerez votre route.

— Oh! oui, oui! il le faut, dit Gilbert,

il le faut, pas demain, mais tout de suite.

Et, reprenant son paquet sans vouloir rien entendre, il s'élança hors de la maison pour cacher dans l'obscurité sa honte et sa douleur.

Le contrevent se referma. La dernière lumière s'éteignit dans le bourg, les chiens eux-mêmes, fatigués de la journée, cessèrent d'aboyer.

Gilbert demeura seul, bien seul au monde, car nul n'est plus isolé sur la terre que l'homme qui vient de se séparer de son dernier écu, surtout quand ce dernier écu est le seul qu'il ait possédé jamais!

La nuit était obscure autour de lui ; que faire ? Il hésita. Retourner sur ses pas pour chercher son écu, c'était se livrer d'abord à une recherche bien précaire ; puis cette recherche le séparait à tout jamais ou du moins pour bien longtemps de ces voitures qu'il ne pourrait plus rejoindre.

Il résolut de continuer sa course et se remit en chemin ; mais à peine eut-il fait une lieue, que la faim le prit. Calmée ou plutôt endormie un instant par la souffrance morale, elle se réveilla plus mordante que jamais, lorsqu'une course rapide eut recommencé de fouetter le sang du malheureux.

Puis, en même temps que la faim, la fatigue, sa compagne, commença d'envahir les membres de Gilbert. Avec un effort inouï, il rejoignit encore une fois les carrosses. Mais on eût dit qu'il y avait conspiration contre lui. Les voitures ne s'arrêtaient que pour relayer et encore relayaient-elles si rapidement qu'au premier relais le pauvre voyageur ne gagna point cinq minutes de repos.

Cependant il repartit. Le jour commençait à poindre à l'horizon. Le soleil apparaissait au-dessus d'une grande bande de vapeurs sombres dans tout l'éclat et toute la majesté d'un dominateur; il promettait une de ces ardentes journées de mai qui devancent l'été de deux mois. Comment Gilbert pourrait-il supporter la chaleur du midi ?

Gilbert eut un instant cette idée consolante pour son amour-propre, que les chevaux, les hommes et Dieu même étaient ligués contre lui. Mais, pareil à Ajax, il montra le poing au ciel, et s'il ne dit point comme lui : « J'échapperai, malgré les dieux, » c'est qu'il connaissait mieux son *Contrat social* que son *Odyssée*.

Comme l'avait prévu Gilbert, un moment arriva où il comprit l'insuffisance de ses forces et la détresse de sa position.

Ce fut un moment terrible que celui de cette lutte de l'orgueil contre l'impuissance; un moment l'énergie de Gilbert se trouva doublée de toute la force de son désespoir. Par un dernier élan, il se rapprocha des voitures qu'il avait perdues de vue, et les revit à travers un nuage de poussière auquel le sang dont ses yeux étaient injectés donnait une couleur fantastique; leur roulement retentissait dans ses oreilles, mêlé au tintement de ses artères. La bouche ouverte, le regard fixe, les cheveux collés au front par la sueur, il semblait un automate habile faisant à peu près les mouvements de l'homme, mais avec plus raideur et de persévérance. Depuis la veille, il avait fait vingt ou vingt-deux lieues ; enfin, le moment arriva où ses jambes brisées refusèrent de le porter plus longtemps ; ses yeux ne voyaient plus, ses oreilles n'entendaient plus ; il lui semblait que la terre était mobile et tournait sur elle-même ; il voulut crier, et ne retrouva point sa voix ; il voulut se retenir sentant qu'il allait tomber, et battit l'air de ses bras comme un insensé.

Enfin la voix se fit jour dans son gosier par des cris de rage, et, se tournant vers Paris, ou plutôt dans la direction où il croyait que Paris devait être, il hurla contre les vainqueurs de son courage et de ses forces, une série d'imprécations terribles. Puis saisissant ses cheveux à pleines mains, il fit un ou deux tours sur lui-même, et tomba sur la grande route, avec la conscience, et par conséquent la consolation d'avoir, pareil à un héros de l'antiquité, lutté jusqu'au dernier moment.

Il tomba en s'affaissant sur lui-même, les yeux encore menaçants, les poings encore crispés.

Puis ses yeux se fermèrent, ses muscles se détendirent. Il était évanoui.

— Gare donc! gare, enragé! lui cria, au moment où il venait de tomber, une voix enrouée, accompagnée des claquements d'un fouet.

Gilbert n'entendit pas.

— Mais gare donc ! ou je t'écrase, morbleu !

Et un vigoureux coup de fouet allongé en manière de stimulant accompagna ce cri.

Gilbert fut saisi et mordu à la ceinture par la pliante lanière du fouet.

Mais il ne sentait plus rien, et il demeura sous les pieds des chevaux qui arrivaient par une route secondaire qui rejoignait la route principale entre Thiéblemont et Vauclère, et que dans sa folie il n'avait ni vus ni entendus.

Un cri terrible sortit de la voiture que les chevaux emportaient, comme l'ouragan fait d'une plume.

Le postillon fit un effort surhumain; mais, malgré cet effort, il ne put retenir le premier cheval, placé en arbalète, lequel bondit par-dessus Gilbert. Mais il parvint à arrêter les deux autres, plus sous sa main que le premier. Une femme sortit à moitié de la chaise.

— Oh! mon Dieu, s'écria-t-elle avec

angoisse, il est donc écrasé le malheureux enfant ?

— Ma foi ! madame, dit le postillon en essayant de démêler quelque chose à travers la poussière que soulevaient les jambes de ses chevaux, ma foi, ça m'en a bien l'air.

— Pauvre fou ! pauvre enfant ! Pas un pas de plus. Arrêtez ! arrêtez !

Et la voyageuse, ouvrant la portière, se précipita hors de la voiture.

Le postillon était déjà en bas de son cheval, occupé à tirer d'entre les roues le corps de Gilbert, qu'il croyait sanglant et mort.

La voyageuse aidait le postillon de toutes ses forces.

— Voilà une chance, s'écria celui-ci, pas une écorchure, pas un coup de pied.

— Mais il est évanoui, cependant.

— De peur, sans doute. Rangeons-le sur le fossé, et puisque madame est pressée, continuons notre route.

— Impossible; je ne puis abandonner cet enfant dans un pareil état.

— Bah! il n'a rien. Il reviendra tout seul.

— Non, non. Si jeune, pauvre petit. C'est quelque échappé de collége qui aura voulu entreprendre un voyage au-dessus de ses forces. Voyez comme il est pâle; il mourrait. Non, non, je ne l'abandonnerai pas. Mettez-le dans la berline, sur la banquette de devant.

Le postillon obéit. La dame était déjà remontée en voiture. Gilbert fut déposé transversalement sur un bon coussin, la tête appuyée aux parois rembourrées du carrosse.

— En route, maintenant, continua la jeune dame, c'est dix minutes perdues, une pistole pour ces dix minutes.

Le postillon fit claquer son fouet au-dessus de sa tête, et les chevaux, qui connaissaient ce signal menaçant, repartirent au grand galop.

V

Où Gilbert commence à ne plus tant regretter d'avoir perdu son écu.

Lorsque Gilbert revint à lui, et ce fut au bout de quelques minutes, il ne se trouva point médiocrement surpris d'être placé pour ainsi dire en travers sur les pieds d'une jeune femme qui le regardait attentivement.

C'était une jeune femme de vingt-quatre à vingt-cinq ans, aux grands yeux gris, au nez retroussé, aux joues brunies par le soleil méridional; une petite bouche d'un dessin capricieux et délicat donnait à sa physionomie ouverte et joviale un caractère précis de finesse et de circonspection. Elle avait les plus beaux bras du monde, qui se modelaient pour le moment dans des manches de velours violet à boutons d'or. Les plis onduleux d'une jupe de soie grise à grands ramages emplissaient presque toute la voiture.—Car Gilbert, avec non moins de surprise que pour tout le reste, s'aperçut qu'il était dans une voiture emportée par le galop de trois chevaux de poste.

Comme la physionomie de la dame était souriante et exprimait l'intérêt, Gilbert se mit à la regarder jusqu'à ce qu'il fût bien sûr de ne pas rêver.

— Eh bien! mon enfant, dit la dame après un instant de silence, vous voilà donc mieux ?

— Où suis-je! demanda Gilbert, se rappelant à propos cette phrase des romans qu'il avait lus, et qui ne se prononce jamais que dans les romans.

— En sûreté maintenant, mon cher petit monsieur, répondit la dame avec un accent méridional des plus prononcés. Mais tout à l'heure, en vérité, vous couriez grand risque d'être broyé sous les roues de ma chaise. Ah ça, que vous est-il donc arrivé, pour tomber comme cela juste au milieu du grand chemin?

— J'ai ressenti une faiblesse, madame.

— Comment! une faiblesse! Et d'où venait cette faiblesse?

— J'avais beaucoup trop marché.

— Il y a longtemps que vous êtes en route?

— Depuis hier quatre heures de l'après-midi.

— Et depuis hier quatre heures de l'après-midi vous avez fait?...

— Je crois bien avoir fait seize ou dix-huit lieues.

— En douze ou quatorze heures?

— Dam! j'ai toujours couru.

— Où allez-vous donc?

— A Versailles, madame.

— Et vous venez?

— De Taverney.

— Où est-ce cela, Taverney?

— C'est un château situé entre Pierrefitte et Bar-le-Duc.

— Mais vous avez eu à peine le temps de manger ?

— Non-seulement je n'en ai pas eu le temps, madame, mais encore je n'en ai pas eu les moyens.

— Comment cela ?

— J'ai perdu mon argent en chemin.

— Depuis hier vous n'avez mangé, de sorte que....

— Que quelques bouchées de pain que j'avais emportées avec moi.

— Pauvre enfant ! mais pourquoi n'avez-vous pas demandé à manger quelque part ?

Gilbert sourit dédaigneusement.

— Parce que je suis fier, madame.

— Fier! c'est très-beau d'être fier, mais cependant lorsqu'on meurt de faim...

— Mieux vaut mourir que de se déshonorer.

La dame regarda son sententieux interlocuteur avec une sorte d'admiration.

— Mais qui êtes-vous donc, pour parler ainsi, mon ami? demanda-t-elle.

— Je suis un orphelin.

— Et vous vous nommez?

— Gilbert.

— Gilbert de quoi ?

— De rien.

— Ah ! Ah ! fit la jeune femme, de plus en plus étonnée.

Gilbert vit qu'il produisait de l'effet et s'applaudissait de s'être posé en Jean-Jacques Rousseau.

— Vous êtes bien jeune, mon ami, pour courir les grands chemins ? continua la dame.

— J'étais resté seul et abandonné dans un vieux château que ses maîtres venaient de quitter. J'ai fait comme eux, je l'ai quitté à mon tour.

— Sans but?

— La terre est grande, et il y a place, dit-on, pour tout le monde au soleil.

— Bien, murmura tout bas la dame, c'est quelque bâtard de campagne qui se sera enfui de sa gentilhommière.

— Et vous dites que vous avez perdu votre bourse? demanda-t-elle tout haut.

— Oui.

— Etait-elle bien garnie?

— Je n'avais qu'un seul écu de six livres, dit Gilbert, partagé entre la honte d'avouer sa détresse et le danger d'afficher une trop grande fortune, que l'on pouvait supposer mal acquise, mais j'en eusse fait assez.

— Un écu de six livres pour un si long voyage, mais à peine aviez-vous assez pour acheter du pain pendant deux jours! Et le chemin, bon Dieu! quel chemin! de Bar-le-Duc à Paris, dites-vous?

— Oui.

— Quelque chose comme soixante à soixante-cinq lieues, je pense?

— Je n'ai pas compté les lieues, madame. J'ai dit: Il faut que j'arrive, voilà tout.

— Et là-dessus, vous êtes parti, pauvre fou?

— Oh! j'ai de bonnes jambes.

— Si bonnes qu'elles soient, elles se fatiguent cependant; vous en avez la preuve.

— Oh! ce ne sont pas les jambes qui ont failli, c'est l'espoir qui m'a manqué.

— En effet, il me semble vous avoir vu très-désespéré.

Gilbert sourit amèrement.

— Que vous passait-il donc dans l'esprit? vous vous frappiez la tête, vous vous arrachiez les cheveux?

— Croyez-vous, madame? demanda Gilbert assez embarrassé.

— Oh ! je suis sûre,—c'est même votre désespoir qui a dû vous empêcher d'entendre la voiture.

Gilbert pensa qu'il ne serait pas mal de se grandir encore par le récit de la vérité même. Son instinct lui disait que sa position était intéressante, pour une femme surtout.

— J'étais en effet désespéré, dit-il.

— Et de quoi ? demanda la dame.

— De ne pouvoir plus suivre une voiture que je suivais.

— En vérité ! dit la jeune femme en

souriant; mais c'est donc une aventure. Y aurait-il de l'amour là-dessous?

Gilbert n'était point encore assez maître de lui même pour ne point rougir.

— Et quelle voiture était-ce, mon petit Caton?

— Une voiture de la suite de la Dauphine.

— Comment! que dites-vous? s'écria la jeune femme; la Dauphine est donc devant nous?

— Sans doute.

— Je la croyais derrière, à Nancy à

peine. Ne lui rend-on donc pas point d'honneurs sur la route?

— Si fait, madame; mais il paraît que Son Altesse est pressée.

— Pressée, la Dauphine; qui vous a dit cela?

— Je le présume.

— Vous le présumez?

— Oui.

— Et d'où vous vient cette présomption?

— De ce qu'elle avait dit d'abord qu'elle se reposerait deux ou trois heures au château de Taverney.

— Eh bien! après?

— Elle y est restée trois quarts d'heure à peine.

— Savez-vous s'il lui serait arrivé quelque lettre de Paris?

— J'ai vu entrer, tenant une lettre à la main, un monsieur dont l'habit était couvert de broderies.

— A-t-on nommé ce monsieur devant vous?

— Non, je sais seulement que c'est le gouverneur de Strasbourg.

— M. de Stainville, le beau-frère de

M. de Choiseul, Pécaïre! plus vite, postillon, plus vite.

Un vigoureux coup de fouet répondit à cette recommandation, et Gilbert sentit que la voiture quoique déjà lancée au galop, gagnait encore en vélocité.

— Ainsi, reprit la jeune dame, la Dauphine est devant nous?

— Oui, madame.

— Mais elle s'arrêtera pour déjeuner, fit la dame comme se parlant à elle-même, et alors nous la dépasserons, à moins que cette nuit... S'est-elle arrêtée cette nuit?

— Oui, à Saint-Dizier.

— Quelle heure était-il ?

— Onze heures, à peu près.

— C'était pour souper. Bon, il faudra qu'elle déjeune ! Postillon, quelle est la première ville un peu importante que nous trouvons sur notre chemin ?

— Vitry, madame.

— Et à combien sommes-nous de Vitry.

— A trois lieues.

— Où relayons-nous ?

— A Vauclère.

— Bien. Allez, et si vous voyez une file de voitures sur la route, prévenez-moi.

Pendant ces quelques paroles échangées entre la dame de la voiture et le postillon, Gilbert était presque retombé en faiblesse. En se rasseyant, le voyageuse le vit pâle et les yeux fermés.

— Ah! pauvre enfant, le voilà qui va se trouver mal encore, s'écria-t-elle. C'est ma faute aussi, moi qui le fais parler quand il meurt de faim et de soif, au lieu de lui donner de quoi boire et de quoi manger.

Et d'abord, pour réparer le temps perdu, la dame tira de la poche de la voiture un flacon ciselé, au goulot duquel pendait à une chaîne d'or un petit gobelet de vermeil.

— Buvez d'abord une larme de cette eau de la Côte, dit-elle en emplissant le verre et en le présentant à Gilbert.

Gilbert ne se fit pas prier cette fois. Etait-ce l'influence de la jolie main qui lui présentait le gobelet, était-ce que le besoin fût plus pressant qu'à Saint-Dizier?

— Là, dit la dame, maintenant mangez un biscuit, dans une heure ou deux, je vous ferai déjeuner plus solidement.

— Merci, madame, dit Gilbert.

Et il mangea le biscuit comme il avait bu le vin.

— Bon, maintenant que vous voilà un

peu restauré, dit la dame, dites-moi, si toutefois vous voulez de moi pour confidente, dites-moi quel intérêt vous aviez à suivre cette voiture, qui fait, m'avez-vous dit, partie de la suite de madame la Dauphine.

— Voilà la vérité en deux mots, madame, dit Gilbert. Je demeurais chez M. le baron de Taverney quand Son Altesse y est venue, car elle a commandé à M. de Taverney de la suivre à Paris. Il a obéi. Comme je suis orphelin, personne n'a songé à moi, et l'on m'a abandonné sans argent, sans provisions. Alors j'ai juré que puisque tout le monde allait à Versailles avec le secours de bons chevaux et de beaux carrosses, moi aussi j'irais à Versailles, mais à pied, avec mes jambes de dix-huit ans, et qu'avec mes jambes de dix-huit ans j'arriverais aussi vite qu'eux avec leurs chevaux et leurs voitures. Malheureusement mes forces m'ont trahi ou plutôt la fatalité a pris parti contre moi. Si je n'avais pas perdu mon argent, j'eusse pu mangé; et si j'eusse mangé cette nuit, j'eusse pu ce matin rattraper les chevaux.

— A la bonne heure, voilà du courage! s'écria la dame, et je vous en félicite, mon ami. Mais il me semble qu'il y a une chose que vous ne savez pas...

— Laquelle ?

— C'est qu'à Versailles on ne vit pas de courage.

— J'irai à Paris.

— Paris, à ce point de vue, ressemble fort à Versailles.

— Si l'on ne vit point de courage, on vit de travail, madame.

— Bien répondu, mon enfant. Mais de quel travail ? Vos mains ne sont pas celles d'un manouvrier ou d'un portefaix ?

— J'étudierai, madame.

— Vous me paraissez déjà très-savant.

— Oui, car je sais que je ne sais rien, répondit sentencieusement Gilbert se rappelant le mot de Socrate.

— Et sans être indiscrète, puis-je vous demander quelle science vous étudierez de préférence, mon petit ami ?

— Madame, dit Gilbert, je crois que la meilleure des sciences est celle qui permet à l'homme d'être le plus utile à ses semblables. Puis, d'un autre côté, l'homme est si peu de chose, qu'il doit étudier le secret de sa faiblesse pour connaître celui de sa force. Je veux savoir un jour pourquoi mon estomac a empêché mes jambes de me porter ce matin, enfin, je veux savoir encore si ce n'est point cette même faiblesse d'estomac qui a amené en mon cerveau cette colère, cette fièvre, cette vapeur noire, qui m'ont terrassé.

— Ah! mais, vous ferez un excellent médecin, et il me semble que vous parlez déjà admirablement médecine. Dans dix ans, je vous promets ma pratique.

— Je tâcherai de mériter cet honneur, madame, dit Gilbert.

Le postillon s'arrêta. On était arrivé au relais sans avoir vu aucune voiture.

La jeune dame s'informa. La Dauphine venait de passer il y avait un quart d'heure;

elle devait s'arrêter à Vitry pour relayer et déjeuner.

Un nouveau postillon se mit en selle.

La jeune dame le laissa sortir du village au pas ordinaire, puis arrivé à quelque distance au delà de la dernière maison :

— Postillon, dit-elle, vous engagez-vous à rattraper les voitures de madame la la Dauphine.

— Sans doute.

— Avant qu'elles ne soient à Vitry?

— Diable ! elles allaient au grand trot.

— Mais il me semble qu'en allant au galop.

Le postillon la regarda.

— Triples guides ! dit-elle.

— Il fallait donc nous conter cela tout de suite, répondit le postillon, nous serions déjà à un quart de lieue d'ici.

— Voilà un écu de six livres à compte ; réparons le temps perdu.

Le postillon se pencha en arrière, la jeune dame en avant, leurs mains finirent par se joindre, et l'écu passa de celle de la voyageuse dans celle du postillon.

Les chevaux reçurent le contre-coup. La chaise partit rapide comme le vent.

Pendant le relai, Gilbert était descendu, il avait lavé son visage et ses mains à une fontaine. Son visage et ses mains y avaient fort gagné, puis il avait lissé ses cheveux qui étaient magnifiques.

— En vérité, avait dit en elle-même la jeune femme, il n'est pas trop laid pour un futur médecin.

Et elle avait souri en regardant Gilbert.

Gilbert alors avait rougi comme s'il eût su ce qui faisait sourire sa compagne de route.

Le dialogue terminé avec le postillon, la voyageuse revint à Gilbert, dont les paradoxes, les brusqueries et les sentences l'amusaient fort.

De temps en temps seulement elle s'interrompait au milieu d'un éclat de rire provoqué par quelque réponse sentant le philosophisme à une lieue à la ronde, pour regarder au fond de la route. Alors si son bras avait effleuré le visage de Gilbert, si son genou arrondi avait serré le flanc de son compagnon, la belle voyageuse s'amusait à voir la rougeur des joues du futur médecin contraster avec ses yeux baissés.

On fit ainsi une lieue à peu près. Tout à

coup la jeune femme poussa un cri de joie, se jetant sur la banquette de devant avec si peu de ménagement, que cette fois elle couvrit Gillbert tout entier de son corps.

Elle venait d'apercevoir les derniers fourgons de l'escorte gravissant péniblement une longue côte sur laquelle s'étageaient vingt carrosses dont presque tous les voyageurs étaient descendus.

Gilbert se dégagea des plis de la robe à grandes fleurs, glissa sa tête sous une épaule et s'agenouilla à son tour sur la banquette de devant, cherchant avec des yeux ardents mademoiselle de Taverney au milieu de tous ces pygmés ascendants.

Il crut reconnaître Nicole à son bonnet.

— Voilà, madame, dit le postillon, que faut-il faire maintenant?

— Il faut dépasser tout cela.

— Dépasser tout cela, impossible, madame. On ne dépasse pas la Dauphine.

— Pourquoi?

— Parce que c'est défendu. Peste, dépasser les chevaux du roi! j'irais aux galères.

— Ecoute, mon ami, arrange-toi comme tu pourras, mais il faut que je les dépasse.

— Mais vous n'êtes donc pas de l'escorte? demanda Gilbert, qui avait pris jusque-là le carrosse de la jeune dame pour une voiture en retard, et qui n'avait vu dans toute cette diligence qu'un désir de reprendre la file.

— Désir de s'instruire est bon, répondit la jeune dame, indiscrétion ne vaut rien.

— Excusez-moi, madame, répondit Gilbert en rougissant.

— Eh bien! que faisons-nous? demanda la voyageuse au postillon.

— Dam! nous marcherons derrière

jusqu'à Vitry. Là, si Son Altesse s'arrête, nous demanderons la permission de passer.

— Oui, mais on s'informera qui je suis, et l'on saura... Non, non, cela ne vaut rien ; cherchons autre chose.

— Madame, dit Gilbert, si j'osais vous donner un avis.

— Donnez, mon ami, donnez, et s'il est bon, on le suivra.

— Ce serait de prendre quelque chemin de traverse tournant autour de Vitry, et ainsi l'on se trouverait en avant de madame la Dauphine, sans lui avoir manqué de respect.

— L'enfant dit vrai, s'écria la jeune femme. Postillon, n'y a-t-il pas un chemin de traverse?

— Pour aller où?

— Pour aller où vous voudrez, pourvu que nous laissions madame la Dauphine en arrière.

— Ah! au fait, dit le postillon, il y a ici à droite la route de Marolle, qui tourne autour de Vitry et va rejoindre le grand chemin à Lachaussée.

— Bravo? s'écria la jeune femme; c'est cela!

— Mais, dit le postillon, madame sait

qu'en faisant ce détour je double la poste.

— Deux louis pour vous, si vous êtes à Lachaussée avant la Dauphine.

— Madame ne craint pas de casser sa chaise?

— Je ne crains rien. Si la chaise casse, je continuerai ma route à cheval.

Et la voiture tournant sur la droite, quitta la grande route, entra dans un chemin de traverse aux ornières profondes, et suivit une petite rivière aux eaux pâles, qui va se jeter dans la Marne entre la Chaussée et Mutigny.

Le postillon tint parole; il fit tout ce qu'il était humainement possible pour briser la chaise, mais aussi pour arriver.

Vingt fois Gilbert fut jeté sur sa compagne, qui, vingt fois aussi, tomba dans les bras de Gilbert.

Celui-ci sut être poli sans être gênant. Il sut commander à sa bouche de ne pas sourire quand ses yeux cependant disaient à la jeune femme qu'elle était bien belle.

L'intimité naît promptement des cahots et de la solitude; au bout de deux heures de route de traverse, il semblait à Gilbert qu'il connaissait sa compagne depuis dix ans, et, de son côté, la jeune femme eût juré qu'elle connaissait Gilbert depuis sa naissance.

Vers onze heures, on rejoignit la grande route de Vitry à Châlons. Un courrier que l'on interrogea annonça que non-seulement la Dauphine déjeunait à Vitry, mais encore qu'elle s'était trouvé si fatiguée qu'elle y prendrait un repos de deux heures.

Il ajouta qu'il était dépêché au prochain relai, pour inviter les officiers d'attelage à se tenir prêts vers trois ou quatre heures de l'après-midi.

Cette nouvelle combla de joie la voyageuse.

Elle donna au postillon les deux louis promis et se tournant vers Gilbert :

— Ah! par ma foi, dit-elle, nous aussi, nous allons dîner au prochain relai.

Mais il était décidé que Gilbert ne dînerait pas encore à ce relai-là.

VI

Où l'on fait connaissance avec un nouveau personnage.

Au haut de la montée que la chaise de poste était en train de gravir, on apercevait le village de la Chaussée, où l'on devait relayer.

C'était un charmant fouillis de maisons couvertes en chaume, et placées, selon le caprice des habitants, au milieu du chemin, au coin d'un massif de bois, à la portée d'une source, et suivant le plus souvent la pente du grand ruisseau dont nous avons parlé, ruisseau sur lequel des ponts ou des planches étaient jetés devant chaque maison.

Mais, pour le moment, la chose la plus remarquable de ce joli petit village était un homme qui, en aval du ruisseau, planté au milieu du chemin comme s'il eût reçu quelque consigne d'une puissance supérieure, passait son temps, tantôt à convoiter des yeux la grande route, tantôt à explorer du regard un charmant cheval gris à longs crins qui, attaché au contrevent d'une chaumière, ébranlait les ais de coups de tête, en exprimant une impatience que semblait devoir faire excuser la selle qu'il portait sur le dos, laquelle annonçait qu'il attendait son maître.

De temps en temps, l'étranger, fatigué, comme nous l'avons dit, d'explorer inutilement la route, s'approchait du cheval et l'examinait en connaisseur, se hasardant à passer une main exercée sur sa croupe charnue, ou à pincer du bout des doigts ses jambes grêles. Puis, lorsqu'il avait évité le coup de pied qu'à chaque tentative de ce genre détachait l'animal impatient, il revenait à son observatoire et interrogeait la route toujours déserte.

Enfin, ne voyant rien venir, il finit par heurter au contrevent.

— Holà ! quelqu'un ! cria-t-il.

— Qui frappe? demanda une voix d'homme, et le contrevent s'ouvrit.

— Monsieur, dit l'étranger, si votre cheval est à vendre, l'acheteur est tout trouvé.

— Vous voyez bien qu'il n'a pas de bouchon de paille à la queue, dit en refermant le contrevent qu'il avait ouvert une manière de paysan.

Cette réponse ne parut point satisfaire l'étranger, car il heurta une seconde fois.

C'était un homme d'une quarantaine d'années, grand et robuste, au teint rouge, à la barbe bleue, à la main noueuse sous une large manchette de dentelles. Il portait un chapeau galonné posé de travers, à la mode des officiers de province qui veulent effaroucher les Parisiens.

Il frappa une troisième fois. Puis, s'impatientant :

— Savez-vous que vous n'êtes point poli, mon cher, dit-il, et que, si vous n'ouvrez pas votre volet, je vais l'enfoncer tout à l'heure.

Le volet se rouvrit à cette menace, et le même visage reparut.

— Mais quand on vous dit que le cheval n'est point à vendre, répondit pour la seconde fois le paysan. Que diable! cela doit vous suffire!

— Eh! moi, quand je vous dis que j'ai besoin d'un coureur.

— Si vous avez besoin d'un coureur, allez en prendre un à la poste. Il y en a là soixante qui sortent des écuries de Sa Majesté, et vous aurez de quoi choisir. Mais laissez son cheval à la personne qui n'en a qu'un.

— Et moi, je vous répète que c'est celui-là que je veux.

— Pas dégoûté, un cheval arabe.

— Raison de plus pour que j'aie l'envie de l'acheter.

— C'est possible que vous ayez l'envie de l'acheter; — malheureusement il n'est pas à vendre.

— Mais à qui appartient-il donc?

— Vous êtes bien curieux?

— Et toi bien discret.

— Eh bien! il appartient à une personne qui loge chez moi, et qui aime cette bête comme elle aimerait un enfant.

— Je veux parler à cette personne.

— Elle dort.

— Est-ce un homme ou une femme?

— C'est une femme.

— Eh bien! dis à cette femme que si elle a besoin de cinq cents pistoles, on les lui donnera en échange de ce cheval.

— Oh! oh! fit le paysan en ouvrant de grands yeux; cinq cents pistoles! c'est un joli denier.

— Ajoute, si tu veux, que c'est le roi qui a envie de cette bête.

— Le roi ?

— En personne.

— Allons donc, vous n'êtes pas le roi, peut-être?

— Non, mais je le représente.

— Vous représentez le roi ? dit le paysan en ôtant son chapeau.

— Fais vite, l'ami, le roi est très-pressé.

Et l'hercule jeta sur la route un regard de surveillance.

— Eh bien ! quand la dame sera réveillée, dit le paysan, vous pouvez être tranquille, je lui en toucherai deux mots.

— Oui ; mais je n'ai pas le temps d'attendre qu'elle soit réveillée, moi.

— Que faire alors ?

— Parbleu! réveille-là.

— Eh bien ! je vais la réveiller moi-même, attends, attends.

Et le personnage qui prétendait représenter Sa Majesté, s'avança pour frapper le volet supérieur d'une longue cravache à pommeau d'argent qu'il tenait à la main.

— Ah! par exemple, jamais.

Mais sa main déjà levée s'abaissa sans

même effleurer le volet, car au même moment il aperçut une chaise qui arrivait au grand, mais au dernier trot de trois chevaux épuisés.

L'œil exercé de l'étranger reconnut les panneaux de la voiture, et il s'élança aussitôt au-devant d'elle, d'un train qui eût fait honneur au cheval arabe dont il ambitionnait la possession.

Cette voiture était la chaise de poste qui amenait la voyageuse, ange gardien de Gilbert.

En voyant cet homme qui lui faisait des signes, le postillon qui ne savait pas si ses chevaux iraient jusqu'à la poste, fut enchanté de s'arrêter.

— Chon! ma bonne Chon! cria l'étranger, est-ce toi enfin? Bonjour! bonjour!

— Moi-même, Jean, répondit la voyageuse interpellée par ce singulier nom; et que fais-tu là?

—Pardieu, belle demande, je t'attends.

Et l'hercule sauta sur le marchepied, et par l'ouverture de la portière, enveloppant la jeune femme de ses longs bras, il la couvrit de baisers.

Tout à coup il aperçut Gilbert, qui, ne connaissant aucun des rapports qui pouvaient exister entre les deux nouveaux personnages que nous venons de mettre en scène, faisait une mine rechignée assez semblable à celle d'un chien dont on prend l'os.

— Tiens, dit-il, qu'as-tu-donc ramassé-là?

— Un petit philosophe des plus amusants, répondit mademoiselle Chon, peu soucieuse de blesser ou de flatter son protégé.

— Et où l'as-tu trouvé?

— Sur la route. Mais ce n'est point de cela qu'il s'agit.

— C'est vrai, répondit celui qu'on nommait Jean. Eh bien ! notre vieille comtesse de Béarn.

— C'est fait.

— Comment, c'est fait ?

— Oui, elle viendra.

— Elle viendra ?

— Oui, oui, oui, fit mademoiselle Chon de la tête.

Cette scène se passait toujours du marchepied au coussin de la chaise.

— Que lui as-tu donc conté? demanda Jean.

— Que j'étais la fille de son avocat, M° Flageot, que je passais par Verdun et que j'avais pour commission de lui annoncer, de la part de mon père, la mise au rôle de son procès.

— Voilà tout?

— Sans doute. J'ai seulement ajouté que la mise au rôle rendait sa présence à Paris indispensable.

— Qu'a-t-elle fait alors?

— Elle a ouvert ses petits yeux gris, humé son tabac, prétendu que M° Flageot était le premier homme du monde et donné des ordres pour son départ.

— C'est superbe, Chon ! Je te fais mon ambassadeur extraordinaire. Maintenant, déjeunons-nous?

— Sans doute, car ce malheureux enfant meurt de faim, mais lestement n'est-ce pas?

— Pourquoi donc?

— Parce qu'on arrive là-bas!

— La vieille plaideuse ! bah ! pourvu que nous la précédions de deux heures, le temps de parler à M. de Maupeou.

— Non, la Dauphine.

— Bah! la Dauphine, elle doit être encore à Nancy.

— Elle est à Vitry.

— A trois lieues d'ici?

— Ni plus ni moins.

— Peste, ceci change la thèse! Allons, postillon, allons.

— Où cela, monsieur?

— A la poste.

— Monsieur monte-t-il, ou descend-il?

— Je reste où je suis. Allez!

La voiture partit emportant le voyageur sur son marchepied; cinq minutes après, elle arrêtait devant l'hôtel de la poste.

— Vite, vite, vite, dit Chon, des côtelettes, un poulet, des œufs, une bouteille de vin de Bourgogne, la moindre chose; nous sommes forcés de repartir à l'instant même.

— Pardon, madame, dit le maître de poste, s'avançant sur le seuil de sa porte; si vous repartez à l'instant même, ce sera avec vos chevaux.

— Comment! avec nos chevaux? dit Jean, sautant lourdement en bas du marchepied.

— Oui, sans doute, avec ceux qui vous ont amenés.

— Non pas, dit le postillon; ils ont déjà doublé la poste; voyez en quel état ils sont, ces pauvres animaux.

— Oh! c'est vrai, dit Chon, et il est impossible qu'ils aillent plus loin.

— Mais qui vous empêche de me donner des chevaux frais?

— C'est que je n'en ai plus.

— Eh! vous devez en avoir... Il y a un règlement, que diable!

— Monsieur, le règlement m'oblige

d'avoir quinze chevaux dans mes écuries.

— Eh bien ?

— Eh bien ! j'en ai dix-huit.

— C'est plus que je n'en demande, puisqu'il ne m'en faut que trois.

— Sans doute, mais ils sont dehors.

— Tous les dix-huit ?

— Tous les dix-huit.

— Vingt-cinq tonnerres, sacra le voyageur.

— Vicomte ! vicomte ! dit la jeune femme.

— Oui, oui, Chon, dit le matamore, soyez tranquille, on se modérera. — Et quand reviendront-elles, tes rosses? continua le vicomte s'adressant au maître de poste.

— Dam! mon gentilhomme, je n'en sais rien; cela dépend des postillons, peut-être dans une heure, peut-être dans deux.

— Vous savez, maître, dit le vicomte Jean, en enfonçant son chapeau sur l'oreille gauche et en pliant la jambe droite, vous savez ou vous ne savez pas, que je ne plaisante jamais?

— J'en suis désespéré, j'aimerais mieux

que l'humeur de monsieur fût à la plaisanterie.

— Ça voyons, qu'on attelle et au plus vite, dit Jean, ou je me fâche.

— Venez à l'écurie avec moi, monsieur, et si vous trouvez un seul cheval au ratelier, je vous le donne pour rien.

— Sournois! et si j'en trouve soixante?

— Ce sera absolument comme si vous n'en trouviez pas un seul, monsieur, attendu que ces soixante chevaux sont à Sa Majesté.

— Eh bien!

— Eh bien! on ne loue pas ceux-là.

— Pourquoi sont-ils ici, alors?

— Mais pour le service de madame la Dauphine.

— Quoi! soixante chevaux à la crèche, et pas un pour moi?

— Dam! vous comprenez...

— Je ne comprends qu'une chose, c'est que je suis pressé.

— C'est fâcheux.

— Et, continua le vicomte, sans s'inquiéter de l'interruption du maître de poste, comme madame la Dauphine ne sera ici que ce soir...

— Vous dites?... dit le maître de poste abasourdi.

— Je dis que les chevaux seront rentrés avant l'arrivée de madame la Dauphine.

— Monsieur, s'écria le pauvre homme, auriez-vous, par hasard, la prétention?...

— Parbleu, dit le vicomte, entrant sous le hangar, je me gênerai; attends!

— Mais, monsieur....

— Trois, seulement. Je ne demande pas

huit chevaux, comme les altesses royales, quoique j'y aie droit... par alliance du moins; non, trois me suffiront.

— Mais vous n'en aurez pas seulement un, s'écria le maître de poste, s'élançant entre les chevaux et l'étranger.

— Marouffle, dit le vicomte, pâlissant de colère, sais-tu qui je suis?

— Vicomte, criait la voix de Chon, vicomte, au nom du ciel! pas de scandale!

— Tu as raison, ma bonne Chonchon, tu as raison. Puis après avoir réfléchi un instant:

— Allons, dit-il, pas de mots; des faits.

Alors, se retournant vers l'hôte de l'air le plus charmant du monde.

— Mon cher ami, dit-il, je vais mettre votre responsabilité à couvert.

— Comment cela? demanda l'hôte, mal rassuré encore, malgré le visage gracieux de son interlocuteur.

— Je me servirai moi-même. Voici trois chevaux de taille parfaitement égale. Je les prends.

— Comment! vous les prenez?

— Oui.

— Et vous appelez cela mettre ma responsabilité à couvert?

— Sans doute, vous ne les avez pas donnés, on vous les a pris.

— Mais je vous dis que c'est impossible.

— Ça voyons, où met-on les harnais ici?

— Que personne ne bouge! cria le maître de poste aux deux ou trois valets d'écurie qui vaquaient dans la cour et sous les hangars.

— Ah! drôles!

— Jean! mon cher Jean! cria Chon, qui, par l'ouverture de la grand'porte, voyait et entendait tout ce qui se passait. Pas de mauvaise affaire, mon ami! en mission, il faut savoir souffrir.

— Tout, excepté le retard, dit Jean avec son plus beau flegme ; aussi, comme il me retarderait d'attendre que ces coquins-là m'aidassent à faire la besogne, je vais la faire moi-même.

Et, joignant l'effet à la menace, Jean détacha successivement de la muraille trois harnais, qu'il déposa sur le dos de trois chevaux.

— Par pitié, Jean, cria Chon, joignant les mains, par pitié !

— Veux-tu arriver, ou non ? dit le vicomte en grinçant des dents.

— Je veux arriver, sans doute ! Tout est perdu si nous n'arrivons pas.

— Eh bien ! alors laisse-moi donc faire.

Et le vicomte séparant des autres chevaux les trois bêtes qu'il avait choisies, et qui n'étaient pas les plus mauvaises, marcha vers la chaise les tirant après lui.

— Songez-y, monsieur, songez-y, criait le maître de poste en suivant Jean, c'est crime de lèse-majesté que le vol de ces chevaux.

— Je ne les vole pas, imbécile, je les emprunte, voilà tout. Avancez, mes petits noirs, avancez !

Le maître de poste s'élança sur les guides ; mais avant qu'il ne les eût touchées, l'étranger l'avait déjà repoussé rudement.

— Mon frère ! mon frère ! cria mademoiselle Chon.

— Ah ! c'était son frère, murmura Gilbert en respirant plus librement dans le fond de sa voiture.

En ce moment une fenêtre s'ouvrit juste en face de la porte de la ferme, de l'autre côté de la rue, et une admirable tête de femme s'y montra, tout effarée au bruit qu'elle entendait.

— Ah! c'est vous, madame, dit Jean, changeant de conversation.

— Comment! moi; dit la jeune femme en mauvais français.

— Vous voilà réveillée; tant mieux. Voulez-vous me vendre votre cheval?

— Mon cheval?

— Oui, le cheval gris, l'arabe qui est attaché là au contrevent. Vous savez que j'en offre cinq cents pistoles.

— Mon cheval n'est à pas vendre, monsieur, dit la jeune femme en refermant la fenêtre.

— Allons, je n'ai pas de chance aujourd'hui, dit Jean, on ne veut ni me vendre ni me louer. Corbleu! je prendrai l'arabe si l'on ne me le vend pas, et je crèverai les mecklembourgeois si l'on ne me les loue pas. Viens ça, Patrice.

Le laquais du voyageur sauta du haut siége de la voiture à terre.

— Attelle, dit Jean au laquais.

— A moi les garçons d'écurie! à moi! cria l'hôtelier.

Deux palefreniers accoururent.

— Jean! vicomte! criait mademoiselle Chon, en s'agitant dans la voiture qu'elle essayait vainement d'ouvrir, vous êtes fou ! vous allez nous faire massacrer tous !

— Massacrer ! C'est nous qui massacrerons, je l'espère bien ! Nous sommes trois contre trois. Allons, jeune philosophe, cria Jean de tous ses poumons à Gilbert, qui ne bougeait pas tant sa stupéfaction était grande. Allons, à terre ! à terre ! et jouons de quelque chose, soit de la canne, soit des pierres, soit du poignet. Descendez donc, morbleu ! vous avec l'air d'un saint de plâtre.

D'un œil inquiet et suppliant à la fois, Gilbert interrogea sa protectrice, qui le retint par le bras.

Le maître de poste s'égosillait à crier, tirant de son côté les chevaux que Jean traînait de l'autre.

Ce trio faisait le plus lugubre et le plus bruyant des concerts.

Enfin, la lutte devait avoir un terme. Le vicomte Jean fatigué, harcelé, à bout, allongea au défenseur des chevaux un si rude coup de poing, que celui-ci alla rouler dans sa mare, au milieu des canards et des oies effarouchés.

— Au secours ! cria-t-il, au meurtre ! à l'assassin !

Pendant ce temps le vicomte, qui paraissait connaître le prix du temps, se hâtait d'atteler.

— Au secours! au meurtre! à l'assassin! au secours! au nom du roi! continua l'hôtelier, essayant de rallier à lui les deux palefreniers ébahis.

— Qui réclame secours au nom du roi? s'écria tout à coup un cavalier qui se jeta au galop dans la cour de la poste, et arrêta sur les acteurs mêmes de la scène son cheval écumant de sueur.

— M. Philippe de Taverney, murmura

Gilbert en se blottissant plus que jamais au fond de la voiture.

Chon, qui ne perdait rien, entendit le nom du jeune homme.

VII

Le vicomte Jean.

Le jeune lieutenant des gendarmes-dauphin, car c'était bien lui, sauta à bas de son cheval à l'aspect de la scène bizarre qui commençait à rassembler autour de l'hôtel de la poste toutes les femmes et tous les enfants du village de la Chaussée.

En apercevant Philippe, le maître de poste alla pour ainsi dire se jeter aux genoux de ce protecteur inattendu que la Providence lui envoyait.

— Monsieur l'officier, cria-t-il, savez-vous ce qui se passe ?

— Non, répondit froidement Philippe, mais vous allez me le dire, mon ami.

— Eh bien ! on veut prendre de force les chevaux de S. A. R. madame la Dauphine.

Philippe dressa l'oreille en homme à qui l'on annonce une chose incroyable.

— Et qui donc veut prendre les chevaux? demanda-t-il.

— Monsieur, dit le maître de poste.

Et il désigna du doigt le vicomte Jean.

— Monsieur? répéta Philippe.

— Eh! mordieu! oui, moi-même, dit le vicomte.

— Vous vous trompez, dit Taverney en secouant la tête, c'est impossible, ou monsieur est fou, ou monsieur n'est pas gentilhomme.

— C'est vous qui vous trompez sur ces deux points, mon cher lieutenant, dit le vicomte, on a sa tête parfaitement à soi, et l'on descend des carrosses de Sa Majesté, en attendant que l'on y remonte.

— Comment, ayant la tête à vous et descendant des carrosses de Sa Majesté, osez-vous alors porter la main sur les chevaux de la Dauphine?

— D'abord il y a ici soixante chevaux, Son Altesse Royale n'en peut employer que huit ; j'aurais donc bien du malheur si, en en prenant trois au hasard, je prenais justement ceux de madame la Dauphine.

— Il y a soixante chevaux, c'est vrai,

dit le jeune homme ; Son Altesse Royale n'en emploie que huit, c'est encore vrai ; mais cela n'empêche point que tous ces chevaux, depuis le premier jusqu'au soixantième, soient à Son Altesse Royale, et vous ne pouvez admettre de distinction dans ce qui compose le service de la princesse.

— Vous voyez cependant que l'on en admet, répondit-il avec ironie, puisque je prends cet attelage. Faut-il que j'aille à pied, moi, quand des faquins de laquais courront à quatre chevaux. Mordieu! qu'ils fassent comme moi, qu'ils se contentent de trois, et ils en auront encore de rechange.

— Si ces laquais vont à quatre chevaux, monsieur, dit Philippe étendant le bras vers le vicomte, pour lui faire signe de ne pas s'entêter dans la voie qu'il avait prise, c'est que l'ordre du roi est qu'ils aillent ainsi. Veuillez donc, monsieur, ordonner à votre valet de chambre de reconduire ces chevaux où vous les avez pris.

Ces paroles furent prononcées avec autant de fermeté que de politesse ; et à moins que d'être un misérable, on devait y répondre poliment.

— Vous auriez peut-être raison, mon cher lieutenant, de parler ainsi, répondit le vicomte, s'il entrait dans votre consigne de veiller sur ces animaux, mais je ne sache point encore que les gendarmes-dauphin aient été élevés au grade de palefrenier ; fermez donc les yeux, dites à vos hommes d'en faire autant, et bon voyage.

— Vous faites erreur, monsieur; sans être élevé ou descendu au grade de palefrenier, ce que je fais en ce moment rentre dans mes attributions, car madame la Dauphine elle-même m'envoie en avant pour veiller sur ses relais.

— C'est différent alors, répondit Jean, mais permettez-moi de vous le dire, vous faites-là un triste service, mon officier, et si c'est comme cela que la jeune dame commence à traiter l'armée...

— De qui parlez-vous en ces termes, monsieur, interrompit Philippe?

— Eh! parbleu! de l'Autrichienne.

— Le jeune homme devint pâle comme sa cravate.

— Vous osez dire, monsieur.... s'écria-t-il.

— Non-seulement j'ose dire, mais encore j'ose faire, continua Jean. Allons, Patrice, attelons, mon ami, et dépêchons-nous, car je suis pressé.

Philippe saisit le premier cheval par la bride.

— Monsieur, dit Philippe de Taverney de sa voix calme, vous allez me faire le plaisir de me dire qui vous êtes, n'est-ce pas ?

— Vous y tenez !

— J'y tiens.

— Eh bien ! je suis le vicomte Jean Dubarry.

— Comment ! vous êtes le frère de celle...

— Qui vous fera pourrir à la Bastille,

mon officier, si vous ajoutez un seul mot.

Et le vicomte s'élança dans la voiture.

Philippe s'approcha de la portière.

— Monsieur le vicomte Jean Dubarry, dit-il, vous allez me faire l'honneur de descendre, n'est-ce pas ?

— Ah! par exemple, j'ai bien le temps, dit le vicomte, en essayant de tirer à lui le panneau ouvert.

— Si vous hésitez une seconde, monsieur, reprit Philippe, en empêchant avec sa main gauche le panneau de se refermer, je vous donne ma parole d'honneur que je vous passe mon épée au travers du corps.

Et de sa main droite restée libre, il tira son épée.

— Ah! par exemple! s'écria Chon; mais c'est un assassinat! Renoncez à ces chevaux, Jean, renoncez.

— Ah! vous me menacez, grinça le vicomte exaspéré en saisissant à son tour son épée qu'il avait posée sur la banquette de devant.

— Et la menace sera suivie d'effet, si vous tardez une seconde, une seule, entendez-vous? dit le jeune homme en faisant siffler son épée.

— Nous ne partirons jamais, dit Chon, à l'oreille de Jean, si vous ne prenez cet officier par la douceur.

— Il n'y a ni douceur, ni violence qui m'arrête dans mon devoir, dit Philippe en s'inclinant avec politesse, car il avait entendu la recommandation de la jeune femme, conseillez donc vous-même l'obéissance à monsieur, ou, au nom du roi que je représente, je me verrai forcé de le tuer s'il consent à se battre, à le faire arrêter s'il refuse.

— Et moi, je vous dis que je partirai

malgré vous, hurla le vicomte, en sautant hors du carrosse et en tirant son épée du même mouvement.

— C'est ce que nous verrons, monsieur, dit Philippe en tombant en garde et en engageant le fer : y êtes-vous ?

— Mon lieutenant, dit le brigadier qui commandait, sous Philippe, six hommes de l'escorte, mon lieutenant, faut-il....?

— Ne bougez pas, monsieur, dit le lieutenant, ceci est une affaire personnelle; allons, monsieur le vicomte je suis à vos ordres.

Mademoiselle Chon poussait des cris aigus, Gilbert eût voulu que le carrosse fût profond comme un puits, afin d'être mieux caché.

Jean commença l'attaque. Il était d'une rare habileté dans cet exercice des armes qui demande plus de calcul encore que d'adresse physique.

Mais la colère ôtait visiblement au vicomte une partie de sa force. Philippe, au contraire, semblait manier son épée comme un fleuret, et s'exercer dans une salle d'armes.

Le vicomte rompait, avançait, sautait à droite, sautait à gauche, criait en se fendant à la manière des maîtres de régiment.

Philippe, au contraire, avec ses dents serrées, son œil dilaté, ferme et immobile comme une statue, voyait tout, devinait tout.

Chacun avait fait silence, et regardait ; Chon comme les autres.

Pendant deux ou trois minutes, le combat dura sans que toutes les feintes, tous les cris, toutes les retraites de Jean aboutissent à rien. Mais aussi, sans que Philippe qui, sans doute, étudiait le jeu de son adversaire, se fendît une seule fois.

Tout à coup le vicomte Jean fit un bond en arrière en jetant un cri.

En même temps sa manchette se teignit de son sang et des gouttes rapides coulèrent le long de ses doigts.

Philippe d'un coup de riposte venait de traverser l'avant-bras de son adversaire.

— Vous êtes blessé, monsieur, dit-il.

— Je le sens sacrebleu bien ! cria Jean en pâlissant et en laissant tomber son épée.

Philippe la ramassa et la lui rendit.

— Allez, monsieur, lui dit-il, et ne faites plus de pareilles folies.

— Peste! si j'en fais, je les paye! gronda le vicomte. Viens vite, ma pauvre Chonchon; viens, ajouta-t-il, s'adressant à sa sœur qui venait de sauter en bas du carrosse, et qui accourait pour lui porter secours.

— Vous me rendrez la justice d'avouer, madame, dit Philippe, qu'il n'y a pas de ma faute, et j'en suis aux plus profonds regrets d'avoir été poussé à cette extrémité de tirer l'épée devant une femme.

Et, saluant, il se retira.

— Dételez ces chevaux, mon ami, et reconduisez-les à leur place, dit Philippe au maître de poste.

Jean montra le poing à Philippe, qui haussa les épaules.

— Ah! justement, cria le maître de poste, voilà trois chevaux qui reviennent. Courtin! Courtin! attelez-les tout de suite à la chaise de ce gentilhomme.

— Mais, notre maître, dit le postillon.

—Allons, pas de réplique, dit l'hôtelier, monsieur est pressé.

— Mon cher monsieur, criait le maître de poste, ne vous désolez pas; voilà des chevaux qui arrivent.

— Bon, gronda Dubarry, ils auraient

bien dû arriver il y a une demi-heure,
tes chevaux.

Et il regardait en frappant du pied son
bras percé d'outre en outre que Chon
bandait avec son mouchoir.

Pendant ce temps, Philippe, remonté
sur son cheval, donnait ses ordres comme
si rien n'était arrivé.

— Partons, frère, partons, dit Chon
en entraînant Dubarry vers la chaise.

— Et mon arabe? dit-il. Ah! ma foi,
qu'il aille au diable! je suis dans un jour
de malheur.

Et il rentra dans la chaise.

— Allons, bon! dit-il en apercevant Gilbert, voilà que je ne pourrai pas alonger mes jambes, à présent.

— Monsieur, dit le jeune homme, je serais désespéré de vous être importun.

— Allons, allons, Jean, dit mademoiselle Chon, laissez-moi mon petit philosophe.

— Qu'il monte sur le siége, parbleu!

Gilbert rougit.

— Je ne suis point un laquais pour monter sur votre siége, répondit-il.

— Voyez-vous! fit Jean.

— Laissez-moi descendre et je descendrai.

— Eh ! mille diables, descendez, cria Dubarry.

— Mais non, mais non ; mettez-vous en face de moi, dit Chon retenant le jeune homme par le bras, de cette façon vous ne dérangerez pas mon frère.

Et se penchant à l'oreille du vicomte :

— Il connaît l'homme qui vient de vous blesser, dit-elle.

Un éclair de joie passa dans les yeux du vicomte.

— Très-bien ; alors qu'il reste. Comment s'appelle ce monsieur !

— Philippe de Taverney.

En ce moment le jeune officier passait près de la voiture.

— Ah ! vous voilà, mon petit gendarme, cria Jean, vous êtes bien fier à cette heure, mais chacun aura son tour.

— C'est ce que nous verrons, quand la chose vous fera plaisir, monsieur, repartit Philippe impassible.

— Oui, oui, c'est ce que nous verrons, monsieur Philippe de Taverney, cria Jean, en essayant de saisir l'effet que son nom lancé ainsi inopinément ferait sur le jeune homme.

En effet, Philippe leva la tête avec une vive surprise dans laquelle entra un léger sentiment d'inquiétude ; mais, se remettant à l'instant même et ôtant son chapeau avec la meilleure grâce du monde :

— Bon voyage, monsieur Jean Dubarry, dit-il.

La voiture partit avec rapidité.

— Mille tonnerres ! dit le vicomte en grimaçant, sais-tu que je souffre horriblement, petite Chon ?

— Au premier relais, nous demanderons un médecin pendant que cet enfant déjeunera, répondit Chon.

— Ah! c'est vrai, dit Jean, nous n'avons pas déjeuner. Quant à moi, le mal m'ôte la faim; j'ai soif, voilà tout.

— Voulez-vous boire un verre d'eau de la Côte?

— Ma foi, oui; donnez.

— Monsieur, dit Gilbert, si j'osais vous faire une observation.

— Faites.

— C'est que les liqueurs sont une bien

mauvaise boisson dans la situation où vous êtes.

— Ah! vraiment?

Puis, se retournant vers Chon :

— Mais c'est donc un médecin que ton philosophe? demanda le vicomte.

— Non, monsieur, je ne suis pas médecin; je le serai un jour, s'il plaît à Dieu, répondit Gilbert; mais j'ai lu dans un traité, à l'usage des gens de guerre, que la première défense qu'on doit faire à un blessé, c'est l'usage de liqueurs, de vins et café.

— Ah! vous avez lu cela. Eh! bien n'en parlons plus.

— Seulement, si M. le vicomte voulait me donner son mouchoir, j'irais le tremper dans cette fontaine, il envelopperait son bras de ce linge mouillé, et il en éprouverait un grand soulagement.

— Faites, mon ami, faites, dit Chon ; postillon, arrêtez ! cria-t-elle.

Le postillon arrêta ; Gilbert alla tremper le mouchoir du vicomte dans la petite rivière.

— Ce garçon-là va nous gêner horriblement pour causer, dit Dubarry.

— Nous causerons en patois, dit Chon.

— J'ai bien envie de crier au postillon

de repartir et de le laisser là avec mon mouchoir.

— Vous avez tort, il peut nous être utile.

En quoi?

— Il m'a déjà donné des renseignements d'une grande importance.

— Sur quoi?

— Sur la Dauphine, et tout à l'heure encore, vous l'avez vu, il nous a dit le nom de votre adversaire.

— Eh bien! soit, qu'il reste!

En ce moment Gilbert revenait avec son mouchoir imbibé d'eau glacée.

L'application du linge autour du bras du vicomte lui fit grand bien, comme l'avait prévu Gilbert.

— Il avait, ma foi, raison, je me sens mieux, dit-il, causons.

— Gilbert ferma les yeux et ouvrit les oreilles, mais il fut trompé dans son attente. Chon répondit à l'invitation de son frère dans ce dialecte brillant et vif, désespoir des oreilles parisiennes, qui ne distinguent dans le patois provençal qu'un ronflement de consonnes grasses, roulant sur des voyelles musicales.

Gilbert, si maître qu'il fût de lui-même, fit un mouvement de dépit qui n'échappa point à mademoiselle Chon, laquelle, pour le consoler, lui adressa un gentil sourire.

Ce sourire fit comprendre à Gilbert une chose, c'est qu'on le ménageait, lui le ver de terre. Il avait forcé la main à un vicomte honoré des bontés du roi.

Si Andrée le voyait dans cette bonne voiture !

Il en gonfla d'orgueil.

Quant à Nicole, il n'y pensa même point.

Le frère et la sœur reprirent leur conversation en patois.

— Bon, s'écria tout à coup le vicomte en se penchant à la portière et en regardant en arrière.

— Quoi? demanda Chon.

Le cheval arabe qui nous suit.

— Quel cheval arabe?

— Celui que j'ai voulu acheter.

— Tiens, dit Chon, il est monté par une femme. Oh! la magnifique créature!

— De qui parlez-vous?... De la femme ou du cheval?

— De la femme.

— Appelez-la donc, Chon; elle aura peut-être moins peur de vous que de moi. Je donnerais mille pistoles du cheval.

— Et de la femme! demanda Chon en riant.

— Je me ruinerais pour elle... Appelez-la donc!

— Madame! cria Chon, madame!

Mais la jeune femme aux grands yeux noirs, enveloppée dans un manteau blanc, le front ombragé d'un feutre gris à longues plumes, passa comme une flèche sur le revers du chemin, en criant :

— Avanti! Djerid! Avanti.

— C'est une Italienne, dit le vicomte, mordieu! la belle femme, si je ne souffrais pas tant, je sauterais à bas de la voiture et je courrais après elle.

— Je la connais, dit Gilbert.

— Ah ça! mais ce petit paysan est donc l'almanach de la province, il connaît tout le monde.

— Comment s'appelle-t-elle? demanda Chon.

— Elle s'appelle Lorenza.

— Et qu'est-elle?

— C'est la femme du sorcier.

— De quel sorcier ?

— Du baron Joseph Balsamo.

Le frère et la sœur se regardèrent.

La sœur semblait dire :

— Ai-je bien fait de le garder ?

— Ma foi oui, semblait répondre le frère.

VIII

Le petit lever de madame la comtesse Dubarry.

Maintenant que nos lecteurs nous permettent d'abandonner mademoiselle Chon et le vicomte Jean courant la poste sur la route de Châlons, et de les introduire chez une autre personne de la même famille.

Dans l'appartement de Versailles qu'avait habité madame Adelaïde, fille de Louis XV, ce prince avait installé madame la comtesse Dubarry, sa maîtresse, depuis un an à peu près, non sans observer longtemps à l'avance l'effet que ce coup d'état produirait à la cour,

La favorite, avec son laisser aller, ses façons libres, son caractère joyeux, son intarissable entrain, ses bruyantes fantaisies, avait transformé le silencieux château en un monde turbulent, dont chaque habitant n'était toléré qu'à la condition de se mouvoir beaucoup et le plus joyeusement du monde.

De cet appartement restreint, sans doute,

si l'on considère la puissance de celle qui l'occupait, partait à chaque instant l'ordre d'une fête ou le signal d'une partie de plaisir.

Mais ce qui certainement paraissait le plus étrange aux magnifiques escaliers de cette partie du palais, c'était l'affluence incroyable de visiteurs qui, dès le matin, c'est à dire vers neuf heures, montaient, parés et reluisants, pour s'installer humblement dans une antichambre remplie de curiosités moins curieuses que l'idole que les élus étaient appelés à adorer dans le sanctuaire.

Le lendemain du jour où se passait à la poste du petit village de la Chaussée la scène que nous venons de raconter, vers neuf heures du matin, c'est à dire à l'heure consacrée, Jeanne de Vaubernier, enveloppée d'un peignoir de mousseline brodée, qui laissait deviner sous la dentelle floconneuse, ses jambes arrondies et ses bras d'albâtre, Jeanne de Vaubernier, puis demoiselle Lange, enfin comtesse Dubarry, par la grâce de monsieur Jean Dubarry, son ancien protecteur, sortait du lit, nous ne dirons point pareille à Vénus, mais, certes, plus belle que Vénus pour tout homme qui préfère la vérité à la fiction.

Des cheveux d'un blond châtain admirablement frisés, une peau de satin blanc veinée d'azur, des yeux tour à tour languissants et spirituels, une bouche petite, vermeille, dessinée au pinceau avec le plus pur carmin, et qui ne s'ouvrait que pour laisser voir une double rangée de perles ; des fossettes partout, aux joues, au menton, aux doigts ; une gorge moulée sur celle de la Vénus de Milo, une souplesse de couleuvre, avec un embonpoint d'exacte mesure, voilà ce que madame Dubarry s'apprêtait à laisser voir aux élus de son petit-lever, voilà ce que Sa Majesté Louis XV, l'élu de la nuit, ne manquait cependant pas de venir contempler le matin comme les autres, mettant à profit ce proverbe qui conseille aux vieillards de ne point laisser perdre les miettes qui tombent de la table de la vie.

Depuis quelque temps déjà la favorite ne dormait plus. A huit heures, elle avait sonné, pour que l'on permît au jour, son premier courtisan, d'entrer dans sa chambre peu à peu, à travers d'épais rideaux d'abord, puis à travers de plus légers ensuite, le soleil, radieux ce jour-là, avait été introduit, et, se rappelant ses bonnes fortunes mythologiques, était venu caresser cette belle nymphe qui, au lieu de fuir comme Daphné, l'amour des dieux, s'humanisait au point d'aller parfois au-devant de l'amour des mortels. Il n'y avait donc déjà plus ni bouffissure ni hésitation dans les yeux brillants comme des escarboucles qui interrogeaient en souriant un petit miroir à main, tout cerclé d'or, tout brodé de perles ; et ce corps souple, dont nous avons essayé de donner une idée s'était laissé glisser du lit où il avait reposé, bercé par les plus doux rêves, jusque sur le tapis d'hermine, où des pieds qui eussent fait honneur à Cendrillon, avaient trouvé deux mains tenant deux pantoufles, dont une seule eût pu enrichir un bûcheron de la forêt natale de Jeanne, si ce bûcheron l'eût trouvée.

Tandis que la séduisante statue se redressait, se faisait de plus en plus vivante, on lui jetait sur les épaules un magnifique surtout de dentelles de Malines ; puis, on passait à ses pieds potelés, sortis un instant de ses mules, des bas de soie rose d'un tissu si fin qu'on n'eût pas su les distinguer de la peau qu'ils venaient de recouvrir.

— Pas de nouvelles de Chon? demanda-t-elle tout d'abord à sa camériste.

— Non, madame, répondit celle-ci.

— Ni du vicomte Jean?

— Non plus.

— Sait-on si Bischi en a reçu?

— On est passé ce matin chez la sœur de madame la comtesse.

— Et pas de lettres?

— Pas de lettres, non, madame.

— Ah! que c'est fatigant d'attendre ainsi, dit la comtesse avec une moue charmante, n'inventera-t-on jamais un moyen de correspondre à cent lieues en un instant. Ah! ma foi! je plains ceux qui me tomberont sous la main ce matin! Ai-je une antichambre passablement garnie?

— Madame la comtesse le demande.

— Dam! écoutez donc, Dorée, la Dauphine approche, et il n'y aurait rien d'étonnant qu'on me quittât pour ce soleil,

Moi, je ne suis qu'une pauvre petite étoile. Qui avons-nous, voyons?

— Mais M. d'Aiguillon, M. le prince de Soubise, M. de Sartines, M. le président Maupeou.

— Et M. le duc de Richelieu?

— Il n'a pas encore paru.

— Ni aujourd'hui ni hier! Quand je vous le disais Dorée. Il craint de se compromettre. Vous enverrez mon coureur à l'hôtel du Hanovre, savoir si le duc est malade.

— Oui, madame la comtesse. Madame la comtesse recevra-t-elle tout le monde à la fois, ou donnera-t-elle audience particulière?

— Audience particulière. Il faut que je parle à M. de Sartines : faites-le entrer seul.

L'ordre était à peine transmis par la camériste de la comtesse à un grand valet de pied qui se tenait dans le corridor conduisant des antichambres à la chambre de la comtesse, que le lieutenant de police apparut en costume noir, modérant la sévérité de ses yeux gris et la roideur de ses lèvres minces par un sourire du plus charmant augure.

— Bonjour, mon ennemi, dit, sans le

regarder, la comtesse qui le voyait dans son miroir.

— Votre ennemi, moi, madame ?

— Sans doute, vous. Le monde, pour moi, se divise en deux classes de personnes : les amis et les ennemis. Je n'admets pas les indifférents, ou je les range dans la classe de mes ennemis.

— Et vous avez raison, madame. Mais dites-moi comment j'ai malgré mon dévoûment bien connu pour vous, mérité d'être rangé dans l'une ou l'autre de ces deux classes ?

— En laissant imprimer, distribuer,

vendre, remettre au roi tout un monde de petits vers, de pamphlets, de libelles dirigés contre moi. C'est méchant, c'est odieux ! c'est stupide !

— Mais enfin, madame, je ne suis pas responsable...

— Si fait, monsieur, vous l'êtes, car vous savez quel est le misérable qui fait tout cela.

— Madame, si ce n'était qu'un seul auteur, nous n'aurions pas besoin de le faire crever à la Bastille, il crèverait bientôt tout seul de fatigue sous le poids de ses ouvrages.

— Savez-vous que c'est tout au plus obligeant ce que vous dites-là ?

— Si j'étais votre ennemi, madame, je ne vous le dirais pas.

— Allons, c'est vrai; n'en parlons plus. Nous sommes au mieux maintenant, c'est convenu, cela me fait plaisir; mais une chose m'inquiète encore cependant.

— Laquelle, madame.

— C'est que vous êtes aussi au mieux avec les Choiseul.

— Madame, M. de Choiseul est premier ministre; il donne des ordres et je dois les exécuter.

— Donc, si M. de Choiseul vous donne l'ordre de me laisser persécuter, harceler, tuer de chagrin, vous laisserez faire ceux qui me persécuteront, me hacèleront, me tueront ! Merci.

— Raisonnons, dit M. de Sartines, qui prit la liberté de s'asseoir sans que la favorite se fâchât, car on passait tout à l'homme le mieux renseigné de France, qu'ai-je fait pour vous il y a trois jours?

— Vous m'avez fait prévenir qu'un courrier partait de Chanteloup pour presser l'arrivée de la Dauphine.

— Est-ce donc d'un ennemi cela ?

— Mais dans toute cette affaire de la présentation, dans laquelle, vous le savez, je mets tout mon amour-propre, comment avez-vous été pour moi.

— Du mieux qu'il m'a été possible.

— Monsieur de Sartines, vous n'êtes pas bien franc?

— Ah! madame, vous me faites injure! — Qui vous a retrouvé au fond d'une taverne, et cela en moins de deux heures, le vicomte Jean, dont vous aviez besoin pour l'envoyer je ne sais où, ou plutôt je sais où?

— Bon, il eût mieux valu que vous me

laissassiez perdre mon beau-frère, dit madame Dubarry en riant, un homme allié à la famille royale de France.

— Enfin, madame, ce sont cependant des services que tout cela.

— Oui, voilà pour il y a trois jours. — Voilà pour avant-hier; mais hier, avez-vous fait quelque chose pour moi, hier?

— Hier, madame!

— Oh! vous avez beau chercher. — Hier, c'était le jour d'être obligeant pour les autres.

— Je ne vous comprends point, madame.

— Oh! je me comprends, moi. Voyons, répondez, monsieur, qu'avez-vous fait hier?

— Le matin ou le soir?

— Le matin, d'abord.

— Le matin, madame, j'ai travaillé comme de coutume.

— Jusqu'à quelle heure avez-vous travaillé?

— Jusqu'à dix heures.

— Ensuite?

— Ensuite, j'ai envoyé prier à dîner un de mes amis de Lyon, qui avait parié venir à Paris sans que je le susse, et qu'un de mes laquais attendait à la barrière.

— Et après le dîner?

— J'ai envoyé au lieutenant de police de Sa Majesté l'empereur d'Autriche, l'adresse d'un fameux voleur qu'il ne pouvait trouver.

— Et qui était?

—A Vienne.

— Ainsi, vous faites non-seulement la police de Paris, mais encore celle des cours étrangères?

—Dans mes moments perdus, oui, madame.

— Bien, je prends note de cela. Et après avoir expédié ce courrier, qu'avez-vous fait ?

— J'ai été à l'Opéra.

— Voir la petite Guimard ? Pauvre Soubise !

— Non pas, faire arrêter un fameux coupeur de bourse que j'avais laissé tranquille tant qu'il ne s'était adressé qu'aux fermiers généraux, et qui avait eu l'audace de s'adresser à deux ou trois grands seigneurs.

— Il me semble que vous auriez dû dire la maladresse, monsieur le lieutenant. — Et après l'opéra ?

— Après l'opéra?

— Oui. C'est bien indiscret ce que je demande, n'est-ce pas?

— Non. Après l'opéra... Attendez que je me rappelle.

— Ah ! il paraît que c'est ici que la mémoire vous manque.

— Non pas. Après l'opéra... Ah !.. j'y suis.

— Bon.

— Je suis descendu, ou plutôt monté chez certaine dame qui donne à jouer, et je l'ai moi-même conduite au Fort-l'Évêque.

— Dans sa voiture?

— Non, dans un fiacre.

— Après?

— Comment, après; c'est tout.

— Non, ce n'est pas tout.

— Je suis remonté dans mon fiacre.

— Et qui avez-vous trouvé dans votre fiacre?

M. de Sartines rougit.

— Ah! s'écria la comtesse en frappant ses deux petites mains l'une contre l'autre, j'ai donc eu l'honneur de faire rougir un lieutenant de police.

— Madame, balbutia M. de Sartines.

— Eh bien! je vais vous le dire, moi, qui était dans ce fiacre, reprit la favorite; c'était la duchesse de Grammont.

— La duchesse de Grammont! s'écria le lieutenant de police.

— Oui, la duchesse de Grammont, laquelle venait vous prier de la faire entrer dans l'appartement du roi.

— Ma foi, madame, s'écria M. de Sartines en s'agitant sur son fauteuil, je remets mon portefeuille entre vos mains. Ce n'est plus moi qui fais la police, c'est vous.

— En effet, monsieur de Sartines, j'ai

la mienne, comme vous voyez; ainsi gare à vous. Oui! oui! la duchesse de Grammont, dans un fiacre, à minuit, avec M. le lieutenant de police, et dans un fiacre marchant au pas! Savez-vous ce que j'ai fait faire tout de suite, moi?

— Non, mais j'ai une horrible peur. Heureusement qu'il était bien tard.

— Bon, cela n'y fait rien, la nuit est l'heure de la vengeance.

— Et qu'avez-vous fait, voyons?

— De même que j'ai ma police secrète, j'ai ma littérature ordinaire, des grimauds affreux, sales comme des guenilles, et affamés comme des belettes.

— Vous les nourrissez donc bien mal?

— Je ne les nourris pas du tout; s'ils engraisseraient ils deviendraient bêtes comme M. de Soubise; la graisse absorbe le fiel, c'est connu, cela.

— Continuez, vous me faites frémir.

— J'ai donc pensé à toutes les méchancetés que vous laissez faire aux Choiseul contre moi. Cela m'a piquée, et j'ai donné à mes Apollon les programmes suivants :

— 1° M. de Sartines déguisé en procureur, et visitant rue de l'Arbre-Sec, au quatrième étage, une jeune innocente, à laquelle il n'a pas honte de compter une misérable somme de trois-cents livres tous les 30 du mois.

— Madame, c'est une belle action que vous voulez ternir.

— On ne ternit que celles-là. 2° M. de Sartines, déguisé en révérend père de la mission, et s'introduisant dans le couvent des Carmélites de la rue Saint-Antoine.

— Madame, j'apportais à ces bonnes sœurs des nouvelles d'Orient.

— Du petit ou du grand ? 3° M. de Sartines, déguisé en lieutenant de police, et courant les rues à minuit, dans un fiacre, en tête à tête avec la duchesse de Grammont.

— Ah! madame, dit M. de Sartines effrayé, voudriez-vous déconsidérer à ce point mon administration?

— Eh! vous laissez bien déconsidérer la mienne, dit la comtesse en riant. Mais, attendez donc.

— J'attends.

— Mes drôles se sont mis à la besogne, et ils ont composé, comme on compose au collège, en narration, en version, en amplification, et j'ai reçu ce matin une épigramme, une chanson et un vaudeville.

— Ah! mon dieu!

—Effroyables tous trois. J'en régalerai ce matin le roi, ainsi que du nouveau *Pater noster* que vous laissez courir contre lui, vous savez?

« Notre père qui êtes à Versailles, que votre nom soit honni comme il mérite de l'être, votre règne est ébranlé, votre volonté n'est pas plus faite sur la terre que dans le ciel ; rendez-nous notre pain quotidien, que vos favorites nous ont ôté; pardonnez à vos parlements, qui soutiennent vos intérêts, comme nous pardonnons à vos ministres qui les ont vendus. Ne succombez point aux tentations de la Dubarry, mais délivrez-nous de votre diable de chancelier.

« Ainsi soit-il. »

— Où avez-vous encore découvert celui-là ? dit M. de Sartines, en joignant les mains avec un soupir.

— Eh ! mon dieu ! je n'ai pas besoin de les découvrir, on me fait la galanterie de m'envoyer tous les jours ce qui paraît de mieux dans ce genre. Je vous faisais même les honneurs de ces envois quotidiens.

— Oh ! madame.

— Aussi, par réciprocité, demain, vous recevrez l'épigramme, la chanson et le vaudeville en question.

— Pourquoi pas tout de suite ?

— Parce qu'il me faut le temps de les distribuer. N'est-ce pas l'habitude, d'ailleurs, que la police soit prévenue la dernière de ce qui se fait ! Oh ! ils vous amuseront fort, en vérité. Moi, j'en ai ri ce matin pendant trois quarts d'heure. Quant au roi, il en est malade d'une désopilation de la rate. C'est pour cela qu'il est en retard.

— Je suis perdu, s'écria M. de Sartines

en frappant de ses deux mains sur sa perruque.

— Non vous n'êtes pas perdu, vous êtes chansonné, voilà tout. Suis-je perdue pour la belle bourbonnaise, moi? Non. J'enrage, voilà tout; ce qui fait qu'à mon tour je veux faire enrager les autres. Ah! les charmants vers. J'en ai été si contente que j'ai fait donner du vin blanc à mes scorpions littéraires, et qu'ils doivent être ivres morts en ce moment.

— Ah! comtesse! comtesse!

— Je vais d'abord vous dire l'épigramme.

— De grâce!

> France, quel est donc ton destin
> D'être soumise à la femelle!

Eh! non, je me trompe, c'est celle que vous avez laissée courir contre moi, celle-là. Il y en a tant que je m'embrouille. Attendez, attendez, m'y voici:

> Amis, connaissez-vous l'enseigne ridicule
> Qu'un peintre de Saint-Luc fait pour les parfumeurs?
> Il met en flacon en un forme de pilule,
> Boynes, Maupeou, Terray sous leurs propres couleurs;
> Il y joint de Sartines, et puis il l'intitule:
> Vinaigre des quatre voleurs!

— Ah! cruelle, vous me changerez en tigre.

— Maintenant, passons à la chanson, c'est madame de Grammont qui parle.

Monsieur de la Police,
N'ai-je pas la peau lisse?
Rendez-moi le service
D'en instruire le roi.

— Madame! madame! s'écria M. de Sartines furieux.

— Oh! rassurez-vous, dit la comtesse, on n'a encore tiré que dix mille exemplaires. Mais c'est le vaudeville qu'il faut entendre.

— Vous avez donc une presse?

— Belle demande. Est-ce que M. de Choiseul n'en a pas?

— Gare à votre imprimeur.

— Ah! oui; essayez, le brevet est en mon nom.

— C'est odieux! et le roi rit de toutes ces infamies?

— Comment donc ! C'est lui qui fournit les rimes quand mes araignées en manquent.

— Oh! vous savez que je vous sers, et vous me traitez ainsi?

— Je sais que vous me trahissez. La duchesse est Choiseul, elle veut ma ruine.

— Madame, elle m'a pris au dépourvu, je vous jure.

— Vous avouez donc?

— Il le faut bien.

— Pourquoi ne m'avez-vous pas avertie ?

— Je venais pour cela.

— Bast ! je n'en crois rien.

— Parole d'honneur !

— Je parie le double.

— Voyons, je demande grâce, dit le lieutenant de police tombant à genoux.

— Vous faites bien.

— La paix au nom du ciel, comtesse.

— Comment vous avez peur de quelques mauvais vers, vous un homme, un ministre.

— Ah ! si je n'avais peur que de cela.

— Et vous ne réfléchissez pas combien une chanson peut faire passer de mauvaises heures, à moi qui suis une femme.

— Vous êtes une reine.

— Oui, une reine non présentée.

— Je vous jure, madame, que je ne vous ai jamais fait de mal.

— Non, mais vous m'en avez laissé faire.

— Le moins possible.

— Allons, je veux bien le croire.

— Croyez-le.

— Il s'agit donc, maintenant, de faire le contraire du mal : il s'agit de faire le bien.

— Aidez-moi, je ne puis manquer d'y réussir.

— Etes-vous pour moi, oui ou non ?

— Oui.

— Votre dévouement ira-t-il jusqu'à soutenir ma présentation ?

—Vous-même y mettrez des bornes.

— Songez-y, mon imprimerie est prête ; elle fonctionne nuit et jour et dans vingt-quatre heures mes grimauds auront faim, et quand ils ont faim ils mordent.

— Je serai sage. Que désirez-vous?

— Que rien de ce que je tenterai ne soit traversé.

— Oh! quant à moi, je m'y engage.

—Voilà un mauvais mot, dit la comtesse en frappant du pied, et qui sent le grec ou le carthaginois, la foi punique, enfin.

— Comtesse...

— Aussi, je ne l'accepte pas; c'est un échappatoire. Vous serez censé ne rien faire, et monsieur de Choiseul agira. Je ne veux pas de cela, entendez-vous. Tout ou rien. Livrez-moi les Choiseul garrottés, impuissants, ruinés, ou je vous annihile, je vous garrotte, je vous ruine. Et prenez garde, la chanson ne sera pas ma seule arme, je vous en préviens.

— Ne menacez pas, madame, dit monsieur de Sartines devenu rêveur, car cette présentation est devenue d'une difficulté que vous ne sauriez concevoir.

— Devenue, est le mot parce qu'on y a mis des obstacles.

— Hélas.

— Pouvez-vous les lever?

— Je ne suis pas seul, il nous faut cent personnes.

— On les aura.

— Un million.

— Cela regarde Terray.

— Le consentement du roi?

— Je l'aurai.

— Il ne le donnera point.

— Je le prendrai.

— Puis, quand vous aurez tout cela, il vous faudra encore une marraine.

— On la cherche.

— Inutile : il y a ligue contre vous.

— A Versailles?

— Oui, toutes les dames ont refusé pour faire leur cour à monsieur de Choiseul, à madame de Grammont, à la Dauphine, au parti prude, enfin.

— D'abord le parti prude sera obligé de changer de nom si madame de Grammont en est. C'est déjà un échec.

— Vous vous entêtez inutilement, croyez-moi !

— Je touche au but.

— Ah ! c'est pour cela que vous avez dépêché votre sœur à Verdun !

— Justement. Ah ! vous savez cela dit la comtesse mécontente.

— Dam! j'ai ma police aussi, moi, fit monsieur de Sartines, en riant.

— Et vos espions?

— Et mes espions!

— Chez moi?

— Chez vous.

— Dans mes écuries ou dans mes cuisines?

— Dans vos antichambres, dans votre salon, dans votre boudoir, dans votre chambre à coucher, sous votre chevet.

—Eh bien! comme premier gage d'alliance, dit la comtesse, nommez-moi ces espions.

— Ah! je ne veux pas vous brouiller avec vos amis, comtesse.

— Alors, la guerre.

— La guerre, comme vous dites cela.

— Je le dis comme je le pense; allez-vous-en je ne veux plus vous voir.

— Ah! cette fois, je vous prends à témoin. Puis-je livrer un secret...d'état?

— Un secret d'alcôve.

— C'est ce que je voulais dire : l'état est là aujourd'hui.

— Je veux mon espion.

— Qu'en ferez-vous?

— Je le chasserai.

— Faites maison nette alors.

— Savez-vous que c'est effrayant ce que vous me dites-là ?

— C'est vrai surtout. Eh ! mon Dieu, il n'y aurait pas moyen de gouverner sans cela, vous le savez bien vous qui êtes si excellente politique.

Madame Dubarry appuya son coude sur une table de laque.

— Vous avez raison, dit-elle, laissons cela. Les conditions du traité?

— Faites-les, vous êtes le vainqueur.

— Je suis magnanime comme Sémiramis. Que voulez-vous?

— Vous ne parlerez jamais au roi des réclamations sur les farines, réclamations auxquelles, traîtresse, vous avez promis votre appui.

— C'est dit; emportez tous les placets que j'ai reçus à ce sujet : ils sont dans ce coffre.

— Recevez en échange ce travail des

pairs du royaume sur la présentation et les tabourets.

— Travail que vous étiez chargé de remettre à Sa Majesté?...

— Sans doute.

— Comme si vous l'aviez fait faire ?

— Oui.

— Bien, mais que direz-vous ?

— Je dirai que je l'ai remis. Cela fera gagner du temps, et vous êtes trop habile tacticienne pour ne pas en profiter.

En ce moment les deux battants de la

porte s'ouvrirent et un huissier entra, criant :

— Le roi !

Les deux alliés s'empressèrent de cacher chacun son gage d'alliance et se retournèrent pour saluer Sa Majesté Louis quinzième du nom.

IX

Le roi Louis XV.

Louis XV entra la tête haute, le jarret tendu, l'œil gai, le sourire aux lèvres.

On voyait sur son passage, par la porte ouverte à deux battants, une double haie de têtes inclinées et appartenant à des courtisans une fois plus désireux encore d'être introduits, depuis qu'ils voyaient dans l'arrivée de Sa Majesté une occasion de faire à la fois leur cour à deux puissances.

Les portes se refermèrent. Le roi n'ayant fait signe à personne de le suivre, se trouva seul avec la comtesse et M. de Sartines.

Nous ne parlerons pas de la chambrière intime ni d'un petit négrillon ; ni l'un ni l'autre ne comptaient.

— Bonjour, comtesse, dit le roi en baisant la main de madame Dubarry, Dieu merci, sommes-nous fraîche ce matin ! — Bonjour, Sartines. Est-ce qu'on travaille ici? Bon Dieu! que de papiers! Cachez-moi cela, hein! Oh! la belle fontaine, comtesse!

Et avec sa curiosité versatile et ennuyée, les yeux de Louis XV se fixèrent sur une gigantesque chinoiserie qui ornait depuis la veille seulement un des angles de la chambre à coucher de la comtesse.

— Sire, répondit madame Dubarry, c'est, comme Votre Majesté peut le voir, une fontaine de Chine. Les eaux, en lâchant le robinet qui est derrière, font siffler des oiseaux de porcelaine et nager des poissons de verre; puis les portes de la pagode s'ouvrent pour donner passage à un défilé de mandarins.

— C'est très-joli, comtesse.

En ce moment, le petit négrillon passa, vêtu de cette façon fantastique et capricieuse dont on habillait à cette époque les Orosmann et les Othello. Il avait un petit turban à plumes droites planté sur l'oreille, une veste de brocard d'or qui laissait voir ses bras d'ébène, une culotte bouffante de satin blanc broché qui descendait jusqu'au genou, et une ceinture aux vives couleurs qui reliait cette culotte à un gilet brodé ; un poignard étincelant de pierreries était passé à cette ceinture.

— Peste! s'écria le roi, comme Zamore est magnifique aujourd'hui.

Le nègre s'arrêta complaisamment devant une glace.

— Sire, il a une faveur à demander à Votre Majesté.

— Madame, dit Louis XV, souriant avec le plus de grâce possible, Zamore me paraît bien ambitieux.

— Pourquoi cela, sire?

— Parce que vous lui avez déjà accordé la plus grande faveur qu'il puisse désirer.

— Laquelle?

— La même qu'à moi.

— Je ne comprends pas, sire.

— Vous l'avez fait votre esclave.

M. de Sartines s'inclina souriant et se mordant les lèvres à la fois.

— Oh ! vous êtes charmant, sire, s'écria la comtesse.

Puis, se penchant à l'oreille du roi :

— La France, je t'adore, lui dit-elle tout bas.

Louis sourit à son tour.

— Eh bien ! demanda-t-il, que désirez-vous pour Zamore ?

— La récompense de ses longs et nombreux services.

— Il a douze ans.

— De ses longs et nombreux services futurs.

— Ah! ah!

— Ma foi oui, sire; il me semble qu'il y a assez longtemps que l'on récompense les services passés, et qu'il serait temps de récompenser les services à venir; on serait plus sûr de ne pas être payé d'ingratitude.

— Tiens! c'est une idée cela, dit le

roi ; qn'en pensez-vous, monsieur de Sartines ?

— Que tous les dévouements y trouveraient leur compte ; par conséquent je l'appuie, sire.

— Enfin, voyons, comtesse, que demandez-vous pour Zamore ?

— Sire, vous connaissez mon pavillon de Luciennes ?

— C'est-à-dire que j'en ai entendu parler seulement.

— C'est votre faute : je vous ai invité cent fois à y venir.

— Vous connaissez l'étiquette, chère comtesse; à moins d'être en voyage, le roi ne peut coucher que dans les châteaux royaux.

— Justement, voilà la grâce que j'ai à vous demander. Nous érigeons Luciennes en château royal, et nous en nommons Zamore gouverneur.

— Ce sera une parodie, comtesse.

— Vous savez que je les adore, sire.

— Cela fera crier les autres gouverneurs.

—Ils crieront !

— Mais à raison, cette fois.

— Tant mieux! ils ont si souvent crié à tort. Zamore, mettez-vous à genoux et remerciez Sa Majesté.

— Et de quoi? demanda Louis XV.

Le nègre s'agenouilla.

— De la récompense qu'il vous donne, pour avoir porté la queue de ma robe et fait enrager, en la portant, les routiniers et les prudes de la cour.

— En vérité, dit Louis XV, il est hideux.

Et il éclata de rire.

— Relevez-vous, Zamore, dit la comtesse; vous êtes nommé.

— Mais en vérité, madame...

— Je me charge de faire expédier les lettres, les brevets, les provisions, c'est mon affaire. La vôtre, sire, est de pouvoir, sans déroger, venir à Luciennes. A compter d'aujourd'hui, mon roi, vous avez un château royal de plus.

— Savez-vous un moyen de lui refuser quelque chose, Sartines?

— Il existe peut-être, mais on ne l'a pas encore trouvé.

— Et si on le trouve, sire, je puis vous

répondre d'une chose, c'est que ce sera M. de Sartines qui aura fait cette belle découverte.

— Comment cela, madame ? demanda le lieutenant de police tout frémissant.

— Imaginez-vous, sire, qu'il y a trois mois que je demande à M. de Sartines une chose, et que je la demande inutilement.

— Et quelle chose demandez-vous ? fit le roi.

— Oh ! il le sait bien.

— Moi, madame, je vous jure...

— Est-ce dans ses attributions? demanda le roi.

— Dans les siennes ou dans celles de son successeur.

— Madame, s'écria M. de Sartines, vous m'inquiétez véritablement.

— Que lui demandez-vous?

— De me trouver un sorcier.

M. de Sartines respira.

— Pour le faire brûler, dit le roi. Oh! il fait bien chaud, attendez l'hiver.

— Non, sire, pour lui donner une baguette d'or.

— Ce sorcier vous a donc prédit un malheur qui ne vous est point advenu, comtesse ?

— Au contraire, sire, il m'a prédit un bonheur qui m'est arrivé.

— Arrivé de point en point.

— Ou à peu près.

— Contez-moi cela, comtesse, dit Louis XV en s'étendant au fond d'un fauteuil et du ton d'un homme qui n'est pas bien sûr s'il va s'amuser ou s'ennuyer, mais qui se risque.

— Je veux bien dire, mais vous serez de moitié dans la récompense.

— De tout, s'il le faut.

— A la bonne heure, voilà une parole royale.

— J'écoute.

— M'y voici. Il était une fois...

— Cela commence comme un conte de fée.

— C'en est un, sire.

— Ah! tant mieux, j'adore les enchanteurs.

— Vous êtes orfèvre, monsieur Josse. Il était donc une fois une pauvre jeune fille qui, à cette époque, n'avait ni pages, ni voiture, ni nègre, ni perruche, ni sapajou.

— Ni roi, dit Louis XV.

— Oh! sire.

— Et que faisait cette jeune fille.

— Elle trottait.

— Comment, elle trottait?

— Oui, sire, par les rues de Paris, à pied comme une simple mortelle. Seulement elle trottait plus vite parce qu'on prétendait qu'elle était gentille et qu'elle avait peur que cette gentillesse ne lui valût quelque sotte rencontre.

— Cette jeune fille était donc une Lucrèce ? demanda le roi.

— Votre Majesté sait bien que, depuis l'an... je ne sais combien de la fondation de Rome, il n'y en a plus.

— Oh ! mon Dieu ! comtesse, deviendriez-vous savante par hasard ?

— Non, si je devenais savante, j'aurais dit une fausse date, mais j'en aurais dit une.

— C'est juste, dit le roi, continuez.

— Elle trottait donc, trottait donc, trottait donc, tout en traversant les Tuileries, lorsque tout à coup elle s'aperçut qu'elle était suivie.

— Ah! diable, fit le roi; alors elle s'arrêta.

— Ah! bon Dieu! que vous avez mauvaise opinion des femmes, sire. On voit bien que vous n'avez connu que des marquises, des duchesses et...

— Et des princesses, n'est-ce pas?

— Je suis trop polie pour contredire Votre Majesté. Mais ce qui l'effrayait surtout, c'est qu'il tombait du ciel un brouillard qui, de seconde en seconde, devenait plus épais.

— Sartines, savez-vous ce qui fait le brouillard?

Le lieutenant de police pris à l'improviste tressaillit.

— Ma foi non, sire.

— Eh bien! ni moi non plus, dit Louis XV. Continuez, chère comtesse.

— Elle avait donc pris ses jambes à son cou ; elle avait franchi la grille, elle se trouvait sur la place qui a l'honneur de porter le nom de Votre Majesté, lorsque tout à coup l'inconnu qui la suivait, et dont elle se croyait débarrassée, se trouva en face d'elle. Elle jeta un cri.

— Il était donc bien laid.

— Au contraire, sire, c'était un beau

jeune homme de vingt-six à vingt-huit ans, au visage brun, aux yeux dilatés, à la parole sonore.

— Et votre héroïne avait peur, comtesse ? Peste ! elle était bien effrayée.

— Elle le fut un peu moins quand elle le vit, sire. Cependant, la situation n'était pas rassurante : grâce au brouillard, si cet inconnu avait eu de mauvaises intentions, il n'y avait pas moyen d'espérer de secours; aussi, joignant les mains :

— Oh ! monsieur, dit la jeune fille, je vous supplie de ne point me faire de mal.

L'inconnu secoua la tête avec un charmant sourire.

— Dieu m'est témoin que ce n'est pas mon intention, dit-il.

— Que voulez-vous donc?

— Obtenir de vous une promesse.

— Que puis-je vous promettre?

— De m'accorder la première faveur que je vous demanderai quand...

— Quand? répéta la jeune fille avec curiosité.

— Quand vous serez reine.

— Et que fit la jeune fille ?

— Sire, elle croyait ne s'engager à rien. Elle promit.

— Et le sorcier ?

— Il disparut.

— Et M. de Sartines refuse de retrouver le sorcier ? Il a tort.

— Sire, je ne refuse pas, je ne peux pas.

— Ah ! monsieur le lieutenant, voici un mot qui ne devrait pas être dans le dictionnaire de la police, dit la comtesse.

— Madame, on est sur sa trace.

— Ah! oui, la phrase sacramentelle.

— Non pas, c'est la vérité. Mais, vous comprenez, c'est un bien faible renseignement que vous donnez-là.

— Comment! jeune, beau, le teint brun, les cheveux noirs, des yeux magnifiques, une voix sonore.

— Peste! comme vous en parlez, comtesse. Sartines, je vous défends de retrouver ce gaillard-là.

— Vous avez tort, sire, car je n'ai à lui demander qu'un simple renseignement.

— C'est donc de vous qu'il est question.

— Sans doute.

— Eh bien! qu'avez-vous à lui demander encore? sa prédiction s'est accomplie.

— Vous trouvez?

— Sans doute. Vous êtes reine.

— A peu près.

— Il n'a donc plus rien à vous dire?

— Si fait. Il a à me dire quand cette reine sera présentée. Ce n'est pas le tout que de régner la nuit, sire, il faut bien régner aussi un peu le jour.

— Cela ne regarde pas le sorcier, dit Louis XV alongeant les lèvres en homme qui voit passer la conversation sur un terrain malencontreux.

— Et de qui cela dépend-il donc ?

— De vous.

— De moi ?

— Oui sans doute. Trouvez une marraine.

— Parmi vos bégueules de la cour ! Votre Majesté sait bien que c'est impossible ; elles sont toutes vendues aux Choiseul, aux Praslin.

— Allons, je croyais qu'il était convenu que nous ne parlerions plus ni de l'un ni de l'autre.

— Je n'ai pas promis cela, sire.

— Eh bien ! je vous demande une chose.

— Laquelle ?

— C'est de les laisser où ils sont, et de rester où vous êtes. Croyez-moi, la meilleure place est à vous.

— Pauvres affaires étrangères ! pauvre marine !

— Comtesse, au nom du ciel, ne faisons pas de politique ensemble.

— Soit, mais vous ne pourrez pas m'empêcher d'en faire toute seule.

— Oh! toute seule, tant que vous voudrez.

La comtesse étendit la main vers une corbeille pleine de fruits, y prit deux oranges, et les fit sauter alternativement dans sa main.

— Saute, Praslin; saute, Choiseul, dit-elle; saute, Praslin; saute, Choiseul.

— Eh bien! dit le roi, que faites-vous?

— J'use de la permission que m'a donnée Votre Majesté. Sire, je fais sauter le ministère.

En ce moment, Dorée entra, et dit un mot à l'oreille de sa maîtresse.

— Oh! certainement, s'écria celle-ci.

— Qu'y a-t-il ? demanda le roi.

— Chon, qui arrive de voyage, Sire, et qui demande à présenter ses hommages à Votre Majesté.

— Qu'elle vienne, qu'elle vienne! En effet, depuis quatre ou cinq jours, je sentais qu'il me manquait quelque chose, sans savoir quoi.

— Merci, sire, dit Chon en entrant.

Puis s'approchant de l'oreille de la comtesse :

— C'est fait, dit-elle.

La comtesse ne put retenir un petit cri de joie.

— Eh bien ! qu'y a-t-il ? demanda Louis XV.

— Rien, sire; je suis heureuse de la revoir, voilà tout.

— Et moi aussi. Bonjour, petite Chon, bonjour.

— Votre Majesté permet que je dise quelques mots à ma sœur? demanda Chon.

— Dis, dis, mon enfant. Pendant ce temps-là je vais demander à Sartines d'où tu viens.

— Sire, dit M. de Sartines qui voulait

esquiver la demande, Votre Majesté voudra-t-elle m'accorder un instant?

— Pourquoi faire?

— Pour parler des choses de la dernière importance, sire.

— Oh! j'ai bien peu de temps, monsieur de Sartines, dit Louis XV en bâillant d'avance.

— Sire, deux mots seulement.

— Sur quoi?...

— Sur ces voyants, ces illuminés, ces déterreurs de miracles.

— Ah! des charlatans. Donnez-leur des

patentes de jongleurs, et ils ne seront plus à craindre.

— Sire, j'oserai insister pour dire à Votre Majesté que la situation est plus grave qu'elle ne le croit. A chaque instant, il s'ouvre de nouvelles loges maçonniques. Eh bien! sire, ce n'est déjà plus une société, c'est une secte, une secte à laquelle s'affilient tous les ennemis de la monarchie : les idéologues, les encyclopédistes, les philosophes. On va recevoir en grande cérémonie M. de Voltaire.

— Il se meurt.

— Lui, oh! que non, sire, — pas si niais.

— Il s'est confessé.

— C'est une ruse.

— En habit de capucin.

— C'est une impiété. Sire, tout cela s'agite, écrit, parle, se cotise, correspond, intrigue, menace. Quelques mots mêmes, échappés à des frères indiscrets, indiquent qu'ils attendent un chef.

— Eh bien! Sartines, quand ce chef sera venu, vous le prendrez, vous le mettrez à la Bastille et tout sera dit.

— Sire, ces gens-là ont bien des ressources.

— En aurez vous moins qu'eux, monsieur, vous, lieutenant de police d'un royaume.

— Sire, on a obtenu de Votre Majesté l'expulsion des jésuites ; c'est celle des philosophes qu'on aurait dû demander.

— Allons, vous voilà encore avec vos tailleurs de plumes.

— Sire, ce sont de dangereuses plumes que celles qu'on taille avec le canif de Damiens.

Louis XV pâlit.

— Ces philosophes que vous méprisez, sire, continua M. de Sartines.

— Eh bien ?

— Eh bien ! je vous le dis, ils perdront la monarchie.

— Combien leur faut-il de temps pour cela, monsieur ?

Le lieutenant de police regarda Louis XV avec des yeux étonnés.

— Mais, sire, puis-je savoir cela? quinze ans, vingt ans, trente ans peut-être.

— Eh bien ! mon cher ami, dit Louis XV, dans quinze ans je n'y serai plus; allez parler de cela à mon successeur.

Et le roi se retourna vers madame Du-barry.

Celle-ci semblait attendre ce moment.

— Oh! mon Diou, s'écria-t-elle avec un grand soupir, que me dis-tu là, Chon!

— Oui, que dit-elle? demanda le roi; vous avez toutes deux des airs funèbres.

— Ah! sire, dit la comtesse, il y a bien de quoi.

— Voyons, parlez, qu'est-il arrivé?

— Pauvre frère!

— Pauvre Jean!

— Crois-tu qu'il faudra le lui couper?

— On espère que non.

— Lui couper quoi? demanda Louis XV.

— Le bras, sire.

— Couper le bras du vicomte! et pourquoi faire?

— Parce qu'il est blessé grièvement.

— Grièvement blessé au bras?

— Oh! mon Dieu, oui, sire.

— Au milieu de quelque bagarre, chez quelque baigneur, dans quelque tripot!...

— Non, sire, c'est sur la grand'route.

— Mais comment cela est-il venu?

— Cela est venu qu'on a voulu l'assassiner, voilà tout.

—Ah! pauvre vicomte! s'écria Louis XV qui plaignait fort peu les gens, mais qui savait merveilleusement avoir l'air de les plaindre; assassiné! ah! mais voilà qui est sérieux, dites donc, Sartines.

M. de Sartines beaucoup moins inquiet que le roi, en apparence, mais beaucoup plus ému en réalité, s'approcha des deux sœurs.

— Est-il possible qu'un pareil malheur soit arrivé, mesdames? demanda-t-il avec anxiété.

— Malheureusement oui, monsieur, cela est possible, dit Chon toute larmoyante.

— Assassiné!... Et comment cela?

— Dans un guet-apens.

— Dans un guet-apens... Ah! ça, mais Sartines, dit le roi, il me semble que ceci est une affaire de votre ressort.

— Racontez-nous cela, madame, dit M. de Sartines. Mais, je vous en supplie, que votre juste ressentiment n'exagère pas les choses. Nous serons plus sévères étant plus justes, et les faits vus de près et froidement perdent souvent de leur gravité.

— Oh! l'on ne m'a pas dit, s'écria Chon, j'ai vu la chose, de mes yeux vu.

— Eh bien! qu'as-tu vu, grande Chon? demanda le roi.

— J'ai vu qu'un homme s'est jeté sur mon frère, l'a forcé de mettre l'épée à la main et l'a blessé grièvement.

— Cet homme était-il seul? demanda M. de Sartines.

— Pas du tout, il en avait six autres avec lui.

— Ce pauvre vicomte! dit le roi, regardant toujours la comtesse pour juger du degré précis de son affliction et régler là-dessus la sienne. Pauvre vicomte ! forcé de se battre !

Il vit dans les yeux de la comtesse qu'elle ne plaisantait nullement.

— Et blessé ? ajouta-t-il d'un ton appitoyé.

— Mais à quel propos est venue cette rixe? demanda le lieutenant de police, essayant toujours de voir la vérité dans les détours qu'elle faisait pour lui échapper.

— Le plus frivole, monsieur, à propos de chevaux de poste qu'on disputait au vicomte, qui était pressé de me ramener près de ma sœur, à qui j'avais promis de revenir ce matin.

— Ah! mais cela crie vengeance, dit le roi, n'est-ce pas, Sartines?

— Mais, je le crois, sire, répondit le lieutenant de police, et je vais prendre des informations. Le nom de l'agresseur, madame, s'il vous plaît? sa qualité, son état?

— Son état? C'était un militaire, un officier aux gendarmes-dauphin, je crois. Quant à son nom, il s'appelle Baverney, Faverney, Taverney; oui, c'est cela, Taverney.

— Madame, dit M. de Sartines, il couchera demain à la Bastille.

— Oh! que non! dit la comtesse qui jusque-là avait gardé le plus diplomatique silence, oh! que non!

— Comment cela, oh! que non? dit le roi. Et pourquoi, je vous prie, n'emprisonnerait-on pas le drôle? Vous savez bien que les militaires me sont insupportables.

— Et moi, sire, répéta la comtesse avec la même assurance, je vous dis, moi, que l'on ne fera rien à l'homme qui a assassiné M. Dubarry.

— Ah! par exemple, comtesse, répliqua

Louis XV, voilà qui est particulier; expliquez-moi cela, je vous prie.

— C'est facile. Quelqu'un le défendra.

— Quel est ce quelqu'un?

— Celui à l'instigation duquel il a agi.

— Ce quelqu'un-là le défendra contre nous? Oh! oh! c'est fort ce que vous dites-là, comtesse.

— Madame, balbutia M. de Sartines, qui voyait s'approcher le coup et qui lui cherchait en vain une parade.

— Contre vous, oui, contre vous; et il n'y a pas de oh! oh! Est-ce que vous êtes le maître, vous?

Le roi sentit le coup qu'avait vu venir M. de Sartines et se cuirassa.

— Ah! bien, dit-il, nous allons nous jeter dans les raisons d'état, et chercher à un pauvre duel des motifs de l'autre monde.

— Ah! vous voyez bien, dit la comtesse, voilà déjà que vous m'abandonnez et que cet assassinat de tout à l'heure n'est plus qu'un duel, maintenant que vous vous doutez d'où il nous vient.

— Bon! nous y voici, dit Louis XV en lâchant le robinet de la fontaine, qui se mit à jouer, faisant chanter les oiseaux, faisant nager les poissons, faisant sortir les mandarins.

— Vous ne savez pas d'où vient le coup? demanda la comtesse en chiffonnant les oreilles de Zamore, couché à ses pieds.

— Non, ma foi, dit Louis XV.

— Vous ne vous en doutez pas?

— Je vous jure. Et vous, comtesse?

— Eh bien! moi je le sais, et je vais vous le dire, et je ne vous apprendrai rien de nouveau, j'en suis bien certaine.

— Comtesse, comtesse, dit Louis XV, essayant de prendre sa dignité, savez-vous que vous donnez un démenti au roi?

— Sire, peut-être suis-je un peu vive,

c'est vrai ; mais si vous croyez que je laisserai tranquillement M. de Choiseul me tuer mon frère...

— Bon, voilà que c'est M. de Choiseul, dit le roi avec un éclat de voix, comme s'il ne s'attendait pas à ce nom, que, depuis dix minutes, il redoutait de voir figurer dans la conversation.

— Ah! dam! sire, si vous vous obstinez à ne pas voir qu'il est mon plus cruel ennemi, moi, je le vois et clairement, car il ne se donne point la peine de cacher la haine qu'il me porte.

— Il y a loin de haïr les gens à les assassiner, chère comtesse.

— Pour les Choiseul, toutes choses se touchent.

— Ah! chère amie, voici encore les raisons d'état qui reviennent.

— Mon Dieu! mon Dieu! voyez donc si ce n'est pas damnant, M. de Sartines.

— Mais non, si ce que vous croyez....

— Je crois que vous ne me défendez pas, voilà tout; et même, je dirai plus, je suis sûre que vous m'abandonnez, s'écria la comtesse avec violence.

— Oh! ne vous fâchez pas, comtesse, dit Louis XV. Non-seulement vous ne serez pas abandonnée, mais encore vous serez défendue, et si bien...

— Si bien !

— Si bien, qu'il en coûtera cher à l'agresseur de ce pauvre Jean.

— Oui, c'est cela, on brisera l'instrument et on serrera la main.

— N'est-ce pas juste de s'en prendre à celui qui a fait le coup, à ce M. Taverney ?

— Sans doute, c'est juste, mais ce n'est que juste ; ce que vous faites pour moi, vous le feriez pour le premier marchand de la rue St-Honoré qu'un soldat battrait au spectacle. Je vous en préviens, je ne veux pas être traitée comme tout le monde. Si vous ne faites pas plus pour ceux que vous aimez, que pour les indifférents, j'aime mieux l'isolement et l'obscurité de ces derniers, ils n'ont pas d'ennemis qui les assassinent au moins.

— Ah! comtesse, comtesse, dit tristement Louis XV, moi qui me suis par hasard levé si gai, si heureux, si content, comme vous me gâtez ma charmante matinée !

— Voilà qui est adorable, par exemple. Elle est donc jolie ma matinée à moi, à moi dont on massacre la famille ?

Le roi, malgré la crainte intérieure que lui inspirait l'orage grondant autour de lui; ne put s'empêcher de sourire au mot : massacre.

La comtesse se leva furieuse.

— Ah! voilà comme vous me plaignez? dit-elle.

— Eh! là, là, ne vous fâchez pas.

— Mais je veux me fâcher, moi.

— Vous avez tort; vous êtes ravissante quand vous souriez, tandis que la colère vous enlaidit.

— Que m'importe à moi, ai-je besoin

d'être belle? puisque ma beauté ne m'empêche pas d'être sacrifiée à des intrigues.

— Voyons, comtesse.

— Non, choisissez de moi ou de votre Choiseul.

— Chère belle, impossible de choisir, vous m'êtes nécessaires tous deux.

— Alors je me retire.

— Vous?

— Oui, je laisse le champ libre à mes ennemis. Oh! j'en mourrai de chagrin, mais M. de Choiseul sera satisfait et cela vous consolera.

— Eh bien! moi je vous jure, comtesse, qu'il ne vous en veut pas le moins du monde, et qu'il vous porte dans son cœur. C'est un galant homme après tout, ajouta le roi, en ayant soin que M. de Sartines entendit bien ces dernières paroles.

— Un galant homme? vous m'exaspérez, sire. Un galant homme qui fait assassiner les gens.

— Oh! dit le roi, nous ne savons pas encore.

— Et puis, se hasarda de dire le lieutenant de police, une querelle entre gens d'épée est si piquante, si naturelle!

— Ah! ah! répliqua la comtesse; et vous aussi, M. de Sartines.

Le lieutenant comprit la valeur de ce *tu quoque*, et il recula devant la colère de la comtesse.

Il y eut un moment de silence sourd et menaçant.

— Vous voyez, Chon, dit le roi au milieu de cette consternation générale, vous voyez, voilà votre ouvrage.

Chon baissa les yeux avec une tristesse hypocrite.

— Le roi pardonnera, dit-elle, si la

douleur de la sœur l'a emporté sur la force d'âme de la sujette.

— Bonne pièce! murmura le roi.... Voyons, comtesse, pas de rancune.

— Oh! non, sire, je n'en ai pas... Seulement, je vais à Luciennes, et de Luciennes à Boulogne.

— Sur mer? demanda le roi.

— Oui, sire, je quitte un pays où le ministre fait peur au roi.

— Madame! dit Louis XV offensé.

— Eh bien! sire, permettez que, pour ne pas manquer plus longtemps de respect à Votre Majesté, je me retire.

La comtesse se leva, observant du coin de l'œil l'effet que produisait son mouvement.

Louis XV poussa son soupir de lassitude, soupir qui signifiait :

— Je m'ennuie considérablement ici.

Chon devina le sens du soupir et comprit qu'il serait dangereux pour sa sœur de pousser plus loin la querelle.

Elle arrêta sa sœur par sa robe, et allant au roi :

— Sire, dit-elle, l'amour que ma sœur porte au pauvre vicomte l'a entraînée trop loin... c'est moi qui ai commis la faute, c'est à moi de la réparer... Je me mets au rang de la plus humble sujette de Sa Majesté ; je lui demande justice pour mon frère ; je n'accuse personne : la sagesse du roi saura bien distinguer.

— Eh ! mon Dieu ! c'est tout ce que je demande, moi, la justice ; oui, mais que ce soit la justice juste. Si un homme n'a pas commis un crime, qu'on ne lui reproche pas ce crime ; s'il l'a commis, qu'on le châtie.

Et Louis XV regardait la comtesse en disant ces paroles, essayant de rattraper, s'il était possible, les bribes de la joyeuse matinée qu'il s'était promise, et qui finissait d'une si lugubre façon.

La comtesse était si bonne qu'elle eut pitié de ce désœuvrement du roi qui le faisait triste et ennuyé, partout excepté près d'elle.

Elle se retourna à moitié, car déjà elle avait commencé de marcher vers la porte.

— Est-ce que je demande autre chose, moi? dit-elle avec une adorable résignation; mais qu'on ne repousse pas mes soupçons, quand je les manifeste.

— Vos soupçons, ils me sont sacrés,

comtesse, s'écria le roi; et qu'ils se changent un peu en certitude, vous verrez. Mais j'y songe, un moyen bien simple.

— Lequel, sire?

— Que l'on mande ici M. de Choiseul.

— Oh! Votre Majesté sait bien qu'il n'y vient jamais. Il dédaigne d'entrer dans l'appartement de l'amie du roi. Sa sœur n'est pas comme lui; elle ne demanderait pas mieux, elle.

Le roi se mit à rire.

— M. de Choiseul singe M. le Dauphin, continua la comtesse encouragée. On ne veut pas se compromettre.

— M. le Dauphin est un religieux, comtesse.

— Et M. de Choiseul est un tartufe, sire.

— Je vous dis, chère amie, que vous aurez le plaisir de le voir ici; car je vais l'y appeler. C'est pour service d'état, il faudra bien qu'il vienne, et nous le ferons s'expliquer en présence de Chon qui a tout vu. Nous confronterons, comme on dit au Palais, n'est-ce pas, Sartines? Qu'on aille me chercher M. de Choiseul.

— Et moi, que l'on m'apporte mon sapajou, Dorée; mon sapajou! mon sapajou! cria la comtesse.

A ces mots, qui s'adressaient à la femme de chambre, rangeant dans un cabinet de toilette, et qui purent être entendus de l'antichambre puisqu'ils furent prononcés juste au moment où la porte s'ouvrait devant l'huissier envoyé chez M. de Choiseul, une voix cassée répondit en grasseyant :

— Le sapajou de madame la comtesse, ce doit être moi ; je me présente, j'accours, me voilà !

Et l'on vit moelleusement entrer un petit bossu vêtu de la plus grande magnificence.

— Le duc de Tresmes ! s'écria la comtesse impatientée ; mais je ne vous ai pas fait appeler, duc.

— Vous avez demandé votre sapajou, madame, dit le duc tout en saluant le roi, la comtesse et M. de Sartines, et comme je n'ai pas vu parmi tous les courtisans de plus laid singe que moi, je suis accouru.

Et le duc rit en montrant de si longues dents, que la comtesse ne put s'empêcher de rire aussi.

— Resterai-je? demanda le duc, comme si c'eût été la faveur ambitionnée de toute sa vie.

— Demandez au roi, il est maître ici, monsieur le duc.

Le duc se tourna vers le roi d'un air suppliant.

— Restez, duc, restez, dit le roi, enchanté d'accumuler les distractions autour de lui.

En ce moment l'huissier de service ouvrit la porte.

— Ah! dit le roi avec un léger nuage d'ennui, est-ce déjà M. de Choiseul?

— Non, sire, répondit l'huissier, c'est monseigneur le Dauphin, qui voudrait parler à Votre Majesté.

La comtesse fit un bond de joie, car elle croyait que le Dauphin se rapprochait d'elle; mais Chon, qui pensait à tout, fronça le sourcil.

— Eh bien! où est-il M. le Dauphin? demanda le roi impatienté.

— Chez Sa Majesté. M. le Dauphin attendra que Sa Majesté rentre chez elle.

— Il est dit que je ne serai jamais tranquille un instant, gronda le roi.

Puis, tout à coup comprenant que cette audience demandée par le Dauphin lui épargnait, momentanément du moins, sa scène avec M. de Choiseul, il se ravisa.

— J'y vais, dit-il, j'y vais. Adieu, comtesse. Voyez comme je suis malheureux, voyez comme on me tiraille.

— Votre Majesté s'en va, s'écria la comtesse, au moment où M. de Choiseul va venir.

— Que voulez-vous? le premier esclave c'est le roi. Ah! si messieurs les philosophes savaient ce que c'est que d'être roi, et roi de France surtout!

— Mais, sire, restez.

— Oh ! je ne puis pas faire attendre le Dauphin. On dit déjà que je n'aime que mes filles.

— Mais, enfin, que dirai-je à M. de Choiseul ?

— Eh bien ! vous lui direz de venir me trouver chez moi, comtesse.

Et pour briser court à toute observation, le roi baisa la main de la comtesse frémissante de colère, et disparut en courant, comme c'était son habitude, chaque fois qu'il craignait de perdre le fruit d'une bataille gagnée par ses temporisations et son astuce de bourgeois.

— Oh! il nous échappe encore, s'écria la comtesse en frappant ses deux mains avec dépit.

Mais le roi n'entendit pas même cette exclamation. La porte s'était déjà refermée derrière lui et il traversait l'antichambre en disant :

— Entrez, messieurs, entrez. La comtesse consent à vous recevoir. Seulement vous la trouverez bien triste de l'accident arrivé à ce pauvre Jean.

Les courtisans se regardèrent étonnés. Ils ignoraient quel accident pouvait être arrivé au vicomte.

Beaucoup espéraient qu'il était mort.

Ils se composèrent des figures de circonstance. Les plus joyeux se firent les plus tristes et ils entrèrent.

FIN DU TOME TROISIÈME.

TABLE DES MATIÈRES.

I. Le baron de Taverney croit enfin entrevoir un petit coin de l'avenir...............	1
II. Les vingt-cinq louis de Nicole.............	37
III. Adieux à Taverney......................	67
IV. L'écu de Gilbert........................	91
V. Où Gilbert commence à ne plus tant regretter d'avoir perdu son écu.................	123
VI. Où l'on fait connaissance avec un nouveau personnage............................	163
VII. Le vicomte Jean........................	197
VIII. Le petit lever de madame la comtesse Dubarry................................	231
IX. Le roi Louis XV........................	279